我決定不在意

培養不被負面情緒影響的鈍感力

加藤諦三 ㊟著

姜柏如 ㊟譯

メンヘラの精神構造

前言

為何現代人情緒越來越敏感?

情緒過敏的兩大原因

近來,情緒過於敏感的人變得越來越常見,我認為情緒過於敏感的人具有某種心理障礙。

情緒過於敏感的人會有兩種表現,分別是自我膨脹型和自我毀滅型。本書會將重點放在「自我毀滅型」,更精確地說,是具有受害者情結等特質的隱性自戀者。

自戀指的不是「對自己的愛」,而是「自欺欺人的愛」,是一種「假性陶醉」或「假性自我迷戀」。事實上，自戀是人類的天性，因此每個人或多或少都有自戀傾向，而我們是否能在成長過程中克服自戀心理，會嚴重影響到日後所面臨的人生課題。

大體來說，為何人會出現心理障礙呢？主要有兩個原因。

其一，我們人類必須解決在各個成長階段遇到的心理問題，才能持續成長，但有些人卻選擇逃避。人一旦逃避問題，就會開始一味地追求虛假的滿足感，也就是透過成癮行為將否認現實的行徑合理化。

唯有直面內心的糾葛和困境，克服人生不可避免的挑戰，我們才能從中獲得人生意義和滿足感。然而，當你選擇逃避每一階段必經的心理狀態，就會陷入像施虐症、受害者情結等心理困境，導致人生逐漸走向死胡同。

而受害者情結跟悲觀主義，其實都是自戀的扭曲表現。

其二，就是我們面對言語暴力的處理方式。

當然，也有少數幸運兒沒經歷過言語暴力，並在周遭人的鼓勵下成長與獨立。反過來說，也有人長期暴露在充斥著像是「你沒資格活下去」等言語暴力的環境成長。

面對排山倒海而來又糾纏不休的言語暴力，我們會在努力奮戰的過程中，逐漸察覺到自身的優點和天賦。然而，一旦選擇臨陣脫逃，拿受害者情結當擋箭牌，就會無法邂逅最美好的自己，人生也會就此卡關。

言語暴力是我們心靈成長的路上最大的絆腳石，它會讓我們無力去解決人生各階段的課題。

總之，自戀心理會讓人自尋煩惱，所以當務之急，就是去看見自己的自戀心理。只要發現萬千煩惱源於自戀，就能邁出解決問題的第一步。

人際關係的麻煩製造者

在成長過程中，懸而未解的心理問題不斷累積的人，即使日後功成名就，成為課長、部長，還是位居企業高層，依然會持續產生人際糾紛。

基本上，正是因為他們內在有很多尚未解決的心理問題，人際關係才會出現問題。這類型的人是隱藏的問題人物，他們通常不會與言語暴力的施暴者正面衝突，而是會選擇披上「自我否定」的外殼來生活，這就是隱性自戀者的特徵。

知名心理學家卡倫·荷妮（Karen Horney）認為地獄分為「現實的地獄」和「心靈的地獄」。她曾說：「貶低自我價值，即心靈的地獄[1]。」這就是隱性自戀者的精神構造，即使他們在現實中是得天獨厚的天之驕子，但心靈卻被桎梏，有如置身於地獄人間。

用現代心理學的術語來說，這種人其實有社交障礙。

「社交障礙」一詞，是由著有《彼得潘症候群：長不大的男人》（*The Peter Pan Syndrome: Men Who Have Never Grown Up*）的心理學家丹・凱里（Dan Kiley）所提出的。套用近年流行的心理學名詞，隱性自戀者的精神構造就是不分性別的「彼得潘症候群」。雖然這群人從兒童經歷了青少年期，長為成人，但精神層面卻依舊幼稚，不符合社會期待。

站在公司的角度來看，錄用這些隱性自戀者是錯誤的決定。雖然客觀事實是如此，但他們卻會因為懷有受害者情結，覺得是公司對自己差別待遇、不公平。

讓我們透過本書，探討此現象背後的問題吧。

前言

7 為何現代人情緒越來越敏感？

目錄

contents

第二章 「我好不幸」的受害者情結

第三章 內心潛藏的自戀傾向

第四章 請小心對待容易受傷的我

第五章 自戀者的精神構造

第 1 章

為什麼他老是在生氣？

01
對同一句話的解讀與一般人不同

哈佛大學心理學教授艾倫・蘭格（Ellen J. Langer）主張情緒源於心理制約[2]，認為情緒多半都是經由後天學習[3]。

我們往往認為自己經歷的事實只有一個，但相同事實卻會隨著心境的變化，衍生出不同的看法。也有一派觀點認為人腦接收到的訊息，只是在既存記憶中搜尋資訊，提取腦內既知的答案而已。

二十世紀初期，美國行為心理學家約翰・華生（John B. Watson）宣稱嬰兒與巴夫洛夫的狗一樣，可透過後天訓練制約反應，形成條件反射。例如，當幼童與兔子玩耍時，在一旁故意製造嚇人的巨響，幼童此後就會將巨響與兔子連結起來，進進而懼怕兔子。然而，只要再讓兔子從遠處慢慢靠近幼童，讓他漸漸適應兔子後，就有可能透過這種逆向操作，消除幼童對於兔子的恐懼心態[4]。

幼童對兔子的認知，在實驗前後有了一百八十度的大轉變，兔子從可愛的動物變成了可怕的動物。

同理可證，下屬對於主管的認知，也會因為心態的差異而有截然不同的評價。

同一句話讓不同的人來聽，也會有截然不同的解讀。面對相同的主管、同事和下屬，自戀者和一般人的看法也截然不同。

例如，自卑型的自戀者會將主管無心的話視為人身攻擊。因為他們會把內心的自卑被動地投射在別人身上，所以就認定對方在瞧不起自己。

像這種將內心想法投射到外界，然後信以為真的行為，在心理學上被稱為「外化」（Externalization）。

反之亦然，一旦我們的心態改變，別人在我們內心的形象，也會產生天翻地覆的變化。例如，向來和主管相安無事的資深員工，在遇到神經質的新主管後，可能反而會被新主管嫌棄很難管教，甚至跑去跟老闆告御狀。

02

有些人會佯裝受害者攻擊他人

在職場上，你有沒有這種同事？他們只會怨天尤人，卻毫無行動力，也沒有什麼建設性。

事實上，他們強烈的受害者情結，其實是種偽裝的攻擊性；他們宣揚內心的痛苦，其實是用來譴責外界的手段[5]。

這些人大肆宣揚自己倒楣，目的是想攻擊他人。他們礙於性格懦弱，不敢明確表達憤怒，只能一再強調自己是受害者。

至於他們愛強調自己是受害者的背後動機是想刷存在感，以及博得更多的讚美。當這樣的訴求得不到滿足時，就會引發他們的憤怒。其憤怒的來源是強烈的依賴心與敵意，最後他們會將憤怒偽裝成「受害者情結」，並表現出來。

這類人的核心問題在於「自戀傾向」。自戀的成因是個性使然，無關乎社經地位高低。無論是社會新鮮人還是管理階層，內心都有可能生病。這些自戀者很依賴別人的認可，只要得不到滿足就會感到憤怒，變得具有攻擊性。他們甚至會炫耀悲慘，來偽裝內心的攻擊性跟痛苦。

還有一些受害者情結強烈的人，會用拼命工作來偽裝其攻擊性。

精神科醫師阿爾弗雷德．阿德勒（Alfred Adler）曾提到，這類人會將攻擊性巧妙地偽裝成示弱，也就是說，他們普遍會炫耀悲慘，或是將內心的攻擊性被動轉化成對周遭人的羨慕嫉妒恨。除此之外最常見的現象，就是化身為工作狂。

據說A型人格的人很容易罹患心臟病。雖然拚命工作會讓A型人格感到疲憊不堪，卻能獲得心理上的愉悅。他們覺得與其赤裸裸地展現敵意，不如將之轉化為拚命工作的動力，心情會舒坦許多。A型人格的人往往被自己無意間在心中累積的大量攻擊性所驅使而不自知。只要他們沒有意識到這點，就永遠擺脫不了被工作追著跑，過著心力交瘁的生活。

我們有時未必能意識到內心最強烈的情感，強烈的敵意亦然。

美國心理學家亞伯特・艾利斯（Albert Ellis）說過：「精神官能症患者會工作到至死方休。」更補充道：「自我認同感高的人比一般人能幹，卻不會過度工作。」因為他們不會執著於博得旁人的讚美，也明白過度工作不值得拿來炫耀。

然而，工作狂類型的自戀者有著無處抒發的滿腔憤怒，只能靠過度工作來宣洩。而依賴心強烈的自戀者則會將無可避免的攻擊性，強制轉化為對他人的恨意。關鍵在於，**受害者情結是由攻擊性轉化而來；炫耀痛苦是用來譴責他人的手段**[5]。

令人頭大的是，這些自戀者除了會攻擊自己不滿的人，甚至會殃及無辜，例如因為自己夫妻感情不睦，喜歡去找鄰居碴的惡鄰居；在職場受了氣的父母，藉著管教之名拿小孩當自己的出氣筒[6]。

心理韌性不夠強大的人，遇到不如己意的情況，就會產生攻擊性，如果又無法直接表達憤怒，他們只能強迫自己將憤怒偽裝起來。

總結來說，他們會出現以下三種反應：

1. 把攻擊性轉化為過度工作，成為工作狂的化身。
2. 偽裝成弱勢者。阿德勒說過，攻擊性會巧妙地偽裝成示弱，所以有嚴重受害者情結的人，會用炫耀悲慘來偽裝內心的攻擊性。
3. 轉化為對周遭人的羨慕嫉妒恨，也是他們消極展現攻擊性的表現。

03 把攻擊性隱藏起來的工作狂

讓我們回到前面的話題：有時候攻擊性會轉化為過度工作。他們會以忙碌為藉口，來掩飾自己無法建立親密關係的事實。為了壓抑持續膨脹的情緒，他們也只能加倍埋頭苦幹，無法與他人進行心靈上的交流。

心理學家卡倫・荷妮用「異常勞動者」（Prodigious Worker）來形容這群人。美國自然療法醫學博士安德魯・威爾（Andrew Weil）在《自癒力》（*Spontaneous Healing*）一書中，提出了耐人尋味的說法：

損壞的引擎即使賣力轉動，依然無法有效率地完成工作。

若是將異常勞動者視為日本戰後經濟奇蹟的幕後推手，那麼日本戰後政治社會的高速發展就說得通了。這樣的心理狀態不斷轉變，就成了現在的問題員工。

卡倫・荷妮把工作狂歸類為「傲慢報復型[7]」（the Arrogant-vindictive Type），同時指出他們會透過工作展露自己的攻擊性。這類人的特徵在於儘管不以工作為樂，卻也不會感到厭煩，工作以外的時間，反倒會讓他們不知所措、感到空虛[8]。

社會心理學家埃里希・佛洛姆（Erich Fromm）以精神分析角度觀察這群有自虐傾向的人，然後得出以下結論：

他們害怕面對孤獨和無力感，於是透過自虐式的努力來逃避情緒。

這些過度工作的工作狂，與基於被害妄想而擺爛的人，本質上有相似之處。例如為事業忽略婚姻家庭，導致人生失衡崩壞的拼命三郎。顯而易見地，那些拼命加班，比起家人更常跟同事、主管見面的人，就是最典型的案例。

當然，如果只是醉心於工作，那就另當別論。因為對於工作樂在其中的人，不會產生報復心態。

然而，對「異常勞動者」而言，成為人上人的動機，是為了彌補自己受傷的自尊心。為了滿足這種內在需求，他們往往過著不幸的人生。正因為他們只會用狹隘的觀點看待事物，才會選擇為工作犧牲健康。只要他們能拋下愚蠢虛假的自尊心，就能自然而然地找回生活與工作的平衡，恢復身心健康。

事實上，人際關係不佳的上班族，承受的壓力大過於一般上班族。

一旦家庭關係不睦，也會連帶影響到工作表現，所以工作狂就算為工作鞠躬盡瘁，成效依然差強人意。所以卡倫．荷妮口中的「異常勞動者」，下場往往都是壯志未酬身先死。

此外，傲慢報復型工作狂的特徵是吝於分享。除非自己的付出能獲得他人的感謝，否則他們不願意與他人分享自己的成功和喜悅。

順帶一提，這種人通常也感受不到生活中的小確幸。

04

加害者的受害者情結

雖然現代企業中，喜歡在職場擺爛的躺平世代與傳統企業的拼命三郎有著截然不同的工作態度，但兩者的心理特徵卻是一樣的。

兩者都會偽裝自己的攻擊性，但偽裝的手法卻不同。像是過去偏激的學運份子出社會後，就會搖身一變成為三無或是四無主義（無熱情、無感動、無關心、無責任感）者，拼命三郎也有可能突然成為愛擺爛的躺平族。

只要能認清這類人就算改變行動模式，但動機卻沒有改變，便不難明白為何這些人總是在人際關係上出問題。

身為加害者的他們，卻有著受害者情結，有時還會毫不留情地譴責、辱罵無辜的受害者。雖然他們「做賊喊抓賊」的行徑很荒謬，卻會在現實生活中一再真實上演。

一般來說，受害者很難原諒加害者。但有攻擊性的他們，儘管自己是加害者，卻無法原諒受害者。而且，他們內心的無名火越是缺乏正當性，反而越會加油添醋地向大家強調自己才是真正的受害者。

心理學家在過往經常將「自卑」和「攻擊性」拿來相提並論，但近年來，心理學家的探討焦點，已經從自卑轉移到了自戀[9]了。

前文提到，讓小孩變得害怕兔子的學者華生表示：「如果每位小孩都能在自由的環境下長大，他們眼中的世界將會不一樣[10]。」我們面對相同的客觀事實，會產生不同的心理反應。相同的兔子，有些孩子覺得很可愛，但在某些孩子眼中，卻是很可怕的動物。

當焦慮感油然而生時，我們都會試圖去平復情緒。而實際採取的行動，就是我們面對焦慮的反應。

我們越是焦慮，就越想控制一切。因此焦慮的人會想支配弱者，面對自己支配不了的強者，一部分的人就會選擇迎合。

然而我們必須了解，迎合他人必須付出很大的代價，也就是在心中對強者懷抱敵意。儘管我們起初沒有敵意，但久而久之，就會習慣用敵意應對自己的焦慮。

卡倫．荷妮說：「面對焦慮，我們會採取的行為有迎合、攻擊和退縮。」迎合者的迎合行為並非出於真心，所以內心會產生敵意，進而採取攻擊性行動，敵意也會越演越烈。此外，焦慮和孤獨感也有密切關聯，所以當內心湧現孤獨感時，難保不會產生敵意。

所謂境隨心轉，客觀事實會隨人的心態產生變化。每個人面對焦慮時的態度也不盡相同。

人會用自己的心去定義客觀事實，因此面對相同的事實，也會有不同的解讀。

05

出自偏見的負面連鎖效應

偏見，能防止內心潛藏的焦慮恐懼浮上檯面，所以有些人會以先入為主的觀念去評斷人事物的好壞，企圖讓自己釋懷。

比方說，他們會把在職場上不得志的原因，歸咎在管理階層有眼不識泰山，然後悶悶不樂地覺得「自己這輩子最多只能當個課長」。

焦慮形成了認知偏見，讓他們失去了幹勁，擅自認定自己的人生註定以失敗收場。

不同人對於同一事物的看法也都不同，取決於每個人的身心狀態，像是心力交瘁和精力充沛的人、自戀者和一般人的看法也截然不同。

不曉得各位身邊是否存在這類人：對工作不上心，事業停滯不前，卻拿「另一半是豬隊友」、「自己要顧小孩」、「比起工作更重視家庭」當藉口的人；老愛向菜鳥抱怨課長領導無方，自己很難出人頭地的職場老鳥；聲稱學生時期由於學務繁忙，常被當工具人使喚，導致自己沒時間潛心研究和交朋友的人。這類人會用偏見來掩飾內心的焦慮和恐懼，藉此獲得安全感。這些偏見的背後往往是受害者情結在作祟。他們總認為自己才是吃虧的一方。

奧地利精神科醫生貝蘭・沃爾夫（Beran Wolfe）指出，憂鬱症患者的特徵在於面對成敗未定論的事，會一廂情願地認為行不通。

研究顯示，越戰退伍軍人比旁人更容易分泌壓力賀爾蒙，證明兒茶酚胺（Catecholamine）促使身體做出應激反應的同時，也會順帶將相關記憶刻劃於腦中。

研究也顯示，越南老兵在經歷戰爭的可怕後，體內抑制兒茶酚胺分泌的受體減少了四〇%[11]，所以他們返回美國後，個個成為了性格古怪且容易感到壓力的人。

同理可證，與主管談話時，有些人會覺得壓力山大，但有些人卻渾然不覺，是由於昔日的恐怖經驗，會讓人變成驚弓之鳥。例如童年時期，如果父母動不動就發脾氣，小孩也會對壓力變得極度敏感，養成用誇大悲慘掩飾恐懼的習慣。

06 彼此溝通不良是一大問題

為什麼現代職場會衍生職場霸凌乃至過勞死的人際問題呢？

職場霸凌的問題，其實是雙方缺乏溝通能力的議題。若有一方容易感到壓力，那麼對他來說，與人交談本身就是一種壓力。這也反映了現代人溝通能力越來越差的現況。

如果連自己都不了解自己，還談什麼了解他人呢？

內向害羞的人通常主觀意識強烈。如果能知道這個前提，主管跟這種下屬溝通時，會更斟酌自己的用字遣詞；立場顛倒過來，溝通能力強的下屬，就必須懂得在這類主管面前謹言慎行，以免造成對方不必要的誤會，甚至還要懂得察言觀色，發現主管情緒欠佳時，警惕自己別掃到颱風尾。

在談話雙方都無法理解彼此的情況下，溝通就容易出問題。當今的社會欠缺有效溝通，導致家庭暴力、虐待、繭居族、拒絕上學等事件層出不窮。

每個人對客觀事實都有不同的認知方式，所以也會有不同的解讀。溝通的第一步，就是理解訊息發出者和接收者的認知方式是不同的。我們一定要先釐清這個觀念，才能與人良性的溝通。

07

為什麼會成為「工作狂」？

談到職場霸凌乃至過勞死的現象，大家看法不一。

有一派人認為與其拼命工作到過勞死，還不如辭職，沒必要為了工作搞壞身體，甚至白白送命的程度。

事實上，會過勞死的人往往具有熱衷工作和責任感強的偏執性格；相反地，那些懂得偷懶、厚臉皮的人通常不會有過勞死的問題。

為什麼有人會成為「工作狂」呢？

為了工作燃燒殆盡的人，不一定真的熱愛工作，而是不想意識到自己的人生很失敗。他們從小就被灌輸「玩物喪志，工作至上」的觀念。職場在他們眼中，可能是個人的自我價值所在。

這類人在潛意識中覺得人生過得並不順遂，鎮日埋首工作可以阻擋這種負面訊息。埋頭苦幹的強迫行為也可說是一種自我保護，藉此迴避自己難以接受的訊息。

因此，在工作狂的眼裡，辭職意味著自己是人生的失敗者。至於認為「與其過勞，還不如辭職」的人，則不認為上班有多麼了不起。他們長期活在「與工作相比，人生更重要」、「世界有各種生活方式」的價值觀中，與工作狂截然不同。

也就是說，工作的意義同樣端看每個人的認知。

哈佛大學心理系教授艾倫．蘭格（Ellen Langer）曾舉例說明過認知的差異性：「飛機的顛簸令人恐懼，但雲霄飛車的顛簸令人興奮。」相同的客觀事實，在特定情況下是可怕，換作另一種情境卻是興奮。如果我們不明白相同的刺激，在不同背景下會給人截然不同感受的道理，就會容易作繭自縛，成為自己臆測的犧牲品。當我們飽受負面情緒折磨，似乎失去所有希望時，但只要換個角度去感受同一件事，就會海闊天空[2]。

當我們陷入負面情緒時，很容易把自己的感受視為單一事實，但只要換個角度去思考，就會發現還有其他的情緒反應。不同人面對相同刺激，會有不同反應，所以你也可以對於眼前的狀況，有不一樣的解讀。

08

讓你痛苦的是你的情緒

在社會上，有人順利進入幸福企業，享受公平的待遇，自然也有人誤入黑心企業，遭受各種不公平的待遇。

姑且不論事實為何，對公司暗自不滿的上班族不在少數。即便公司給予公平的待遇，依然有很多人覺得不公平，對公司懷恨在心。有不少人認為自己的職場存在著像派系鬥爭、走後門等不公平的現象，才會導致自己在升遷的道路上落於人後。

而那些野心勃勃的人更容易有受害者情結。借用德國精神醫學家恩斯特·克雷奇默（Ernst Kretschmer）的說法，就是「被害妄想意念」。

為什麼有些人會更在意遭受到不公平的待遇呢？

這往往可以追溯到年幼時期遭遇家庭冷暴力的童年回憶。儘管自己盡了最大努力，卻依然遭到父母的忽視或冷漠對待。家庭冷暴力留下的童年陰影，即便在成年後，也會影響到他們面對公司人事安排所抱持的心態。就算是像林肯這般的偉人，年幼喪母的悲痛回憶湧上心頭時，依然會感到痛徹心扉。

當我們在不值得糾結的事情上鑽牛角尖時，過往的精神創傷也會浮上檯面。如同那句歌詞「本該忘掉的戀情」，內心越想忘懷，潛意識就越忘不掉，所以童年創傷才會留下後遺症。誘發創傷記憶的因素不只一個，還會合併出現創傷後壓力症候群（Post Traumatic Stress Disorder，簡稱為PTSD）。

受害者情結會帶來憤世嫉俗的感受，讓人變得孤芳自賞和消極被動。若想解決這個問題，就得培養自己的心理能動性。所謂心理能動性，就是積極向他人解釋自己的情況，同時也會試圖去理解對方。

受害者情結強烈的人，通常會理所當然的認為不必多做解釋，別人也能理解自己。他們之所以緊抓著受害者情結不放，是因為不願意面對內心的糾葛。當憤怒的原因出在自己身上時，除了直視自己以外別無他法，因為痛苦來源不是外在現實，而是負面情緒。

如我前面所說，人間地獄分為「現實的地獄」和「心靈的地獄」。在職場上，無論你是新人還是老闆，都有可能陷入自己決定的地獄中。然而，與其稱呼這些人是「心理障礙的員工」，我更願意稱他們為「心理挑戰型員工」。

09

如何辨識情緒勒索？

一般來說，真心為你好的人向你提出邀約，多半是出於善意，或是為了你著想而推薦，而你當然也有拒絕的權力。由於對方是出於一片好心，即使你拒絕也沒什麼關係。

然而，如果把一般人的好意和他人的強迫推銷，統統視為是「情緒勒索」，然後感到壓力和不滿，勢必會成為一大問題。

我必須一再強調，面對同一件事，不同的人有不同的反應。

事實上，我們必須格外留意成天把「我是為你好」掛在嘴邊的人。只有自我感覺過度良好，喜歡否定別人的人，才會說出「只要對方幸福，自己怎樣都無所謂」的情勒話。他們通常偏執地認為旁人理當心懷感激的接受自己的提議和幫助。

就像有些父母聲稱是在為孩子將來著想，但實際上也在盤算子女日後飛黃騰達後，可以照顧自己的晚年生活。

在「我是為你好」這句話的背後，其實別有所圖。如果你周圍也存在這類情勒者，相信很快就會分辨出其中的差異，如果對方是真心為你著想，就算你拒絕他也沒關係。

過去經歷過的人際關係，會影響到我們對人事物的認知評價，所以基於客觀公正的方式解讀事實相當重要。

10 心態決定事實的好壞

受害者情結強烈的人，自認活在水深火熱之中，卻沒發現自己的心態才是一切痛苦的來源。除非他們領悟到這一點，否則就無法感受到幸福。

例如，憂鬱症患者狀況不好時，會為自己找各種冠冕堂皇的藉口，像是工作不順、婚姻不幸福、經濟也拮据……等，當症狀有所好轉後，他們又會改口說工作還不賴、婚姻生活充滿希望、經濟方面還過得去[12]等等。這就是主觀事實與客觀事實的差異。

美國監獄曾經做過一項調查，囚犯對勞動的滿意度和痛苦程度，取決於他們對自身狀況的認同度，而非勞動本身的繁重程度。

事實上，即使做著相同的工作，每位犯人對於工作的不滿和痛苦程度也不盡相同。那些不滿和痛苦程度高的犯人，往往是對自己工作不滿意的人，而不是這份工作有多辛苦。調查結果顯示：「犯人對於工作的主觀滿意度與工作困難指數的關聯性微乎其微。但痛苦指數與犯人的過去經歷和對未來的期待，卻存在顯著的關聯性。」

也就是說，假如犯人認為自己面臨的刑期比預期刑期要來得長，他們對工作的痛苦指數就會飆高[13]。

這個道理不僅適用於工作，也能套用在任何事上。**我們對於客觀事實的接受程度，會大大影響到內心的痛苦指數。**

11
越是自我否定，越容易對人不滿

有些人明明對自己不滿意，卻會在不自覺的情況下，將內心的不滿轉嫁到身邊親密的人身上。

我們可能有過這樣的經驗：初次踏入職場，對公司懷有理想願景，認為自己理當有份光鮮亮麗的工作，但實際從事的工作卻枯燥乏味，於是對現實感到不滿。

有一個案例就是如此，一名丈夫對自己的職涯發展感到不滿，儘管他對自己不滿，卻將這種不滿投射到妻子身上，將內心的矛盾反映在與他人的關係中，這是一個典型的案例。

他覺得目前的職務不適合自己，明明適合做行政職務，卻總被要求外出跑業務，於是產生了受害者情結；也覺得職場人際關係很無趣、被虛張聲勢的主管欺負、被同事扯後腿等。即便如此，自己對現況也無能為力，只能過著不愉快的職場生活。

他還覺得昔日同窗都有份稱心如意的工作，反觀自己，工作差強人意，加深了不滿，於是在回家後，就會無意間把這股怨氣往外擴散，轉變為對伴侶的不滿，覺得與妻子相處越來越無趣。

事實上，他沒有意識到他的不滿，並非源於妻子的言行舉止和性格，而是因為他對自己的現狀不滿，這正是前文提到的「外化」。除非他能夠滿足於現況，否則無論跟誰結婚，遲早都會對對方感到厭膩。

越是對自己不滿意的人，越容易對他人做出負面評價，或是看別人不順眼。其實讓他們感到不滿意的不是對方，而是在透過對方去感受潛藏在內心卻不自知的不滿。

自我否定的人，往往會成天責怪他人或是說三道四，這是情緒外化的一種表現。他們試圖透過說人壞話來解決內心的矛盾。除非意識到這一點，否則他們始終都會悶悶不樂，幸運女神也不會眷顧他們。

假如你正對某人不滿，思考一下，你是否真的是在對他不滿呢？

12 恐懼著毫無根據的恐懼

許多人始終活在被害妄想和關係妄想（指把一些巧合或無關的事，看成並相信與自己有關）中，背負著無謂的恐懼度過不幸的一生。

那麼，我們該怎麼做才好呢？

雖然具體做法會留待後續詳細為讀者介紹，但這裡可以透露一個小祕訣：感到恐懼時請反覆對自己說：「沒什麼好怕的，我在害怕不值得害怕的東西。」

每個人的恐懼來源各不相同，像是害怕遇到某人、害怕參加會議、害怕失敗，或是害怕被講閒話等。

早上一睜開眼睛，我們就感到憂心忡忡，心事重重的吃著早餐，一整天都在害怕即將發生的壞事。當內心的焦慮爆棚時，我們不但會無心工作、食不下嚥，跟人講話也心不在焉，左耳進右耳出。

然而，讓人畏懼的東西未必都很危險。事實上，「危險」和「感覺到危險」是兩碼子事。

各位讀者聽過「花園蛇」（Garden Snake）嗎？這種蛇大概一公尺長，我曾在波士頓郊外的自宅見過這種蛇。因為我們從小就被教導說蛇是種可怕的生物，有些人看見花園蛇後就再也不願意接近後院，儘管那種蛇毫無危險性可言。

其實我們害怕的不是蛇，而是從小被灌輸的觀念。

所以當我們心生恐懼時，最好先問自己：「**我在怕什麼？**」再進一步思考：「**我是否在害怕根本沒必要害怕的東西呢？**」

我們體驗到的感受，其實是無意識地自行拼湊而來的[2]。

假如從小就有人不停灌輸你負面的想法，像是：「別人是如此優秀，相較之下你真差勁，簡直是浪費社會資源。」或是不管你做任何事，都被人唱衰：「你真是一無是處。」

但只要你意識到自己單方面被灌輸的觀念不是現實後，心靈也會獲得成長。只要你相信自己夠好，千瘡百孔的心靈也能敗部復活，在這場負面想法的防衛戰中大獲全勝。假如對自己說了十幾二十遍依然沒用，那就對自己說一百遍、一千遍，直到相信為止。

有句諺語是「未吃先嫌」，意指在還沒品嚐，不知道食物味道的情況下，就先嫌難吃。精神科醫生亞倫・貝克（Aaron Temkin Beck）說：「將可能的損失視為既定事實，是憂鬱症患者特有的思維。」雖然試過才會知道，但他們會將「新嘗試」和「失敗」劃上等號。

容易焦慮的人通常有著強烈的先入為主觀念，面對相同的事物也會心生恐懼，也害怕著即將發生的事。

當你恐懼時，

最好先問自己：「我在怕什麼？」

再進一步思考：

「我是否在害怕根本沒必要

害怕的東西呢？」

13 什麼是被責妄想？

我根據「被害妄想」這個詞，引申出「被責妄想」這個概念。

所謂被害妄想，就是別人對自己沒惡意，也不具攻擊性，卻依然覺得自己受到傷害的心態。同理可證，被責妄想就是對方沒在指責自己，卻依然覺得自己被指責的心態。

換作是心理健康的人，在了解真實情況後，就會明白對方沒有責怪自己的意思。但對強烈自戀者來說，會將自己眼中的現實視為唯一真實，而不願去正視客觀的真實情況。

他們不但缺乏同理心，對他人的處境也視若無睹，對他們來說，對方的所想、所感、所言都和自己無關。

強烈自戀者會以自我中心的觀點看待一切事物，如果他們自覺受到指責，就會一口咬定有人指責自己；如果他們對某人有好感，就會一廂情願地認定彼此是朋友，這就是自戀者的行為模式。

一般人會基於自己和對方的相互了解程度，來定義彼此的關係，但自戀者卻會單方面定義自己與別人的關係。

有被責妄想的人始終認為自己受到責備，活得既痛苦又不快樂，滿腔怒氣也無從宣洩，只能在內心默默累積。光是有被責妄想就活得很痛苦了，但自戀者通常還有其他很多心理問題。像「關係妄想」就是一例。

曾有人來找我諮詢過下列煩惱：他每次走入教室準備授課時，總覺得學生們在嘲笑他。事實上，臺下的學生根本沒人在嘲笑他。校園內有形形色色的學生，三五好友坐在一起談笑很常見。但那是朋友間的嬉笑聲，並不是在嘲笑他人。

此外，他還煩惱的表示：「即使坐在公園裡，路過的人都會回頭看我。大家都在說我的閒話。」無論漫步在人來人往的校園還是公園內，都讓他覺得自己被人指指點點。

簡而言之，擁有關係妄想的人會把與自己無關的事物都認為跟自己有關，所以每天都活得很累。我把無論別人做什麼，都會擅自解讀成對方在貶低自己的心態稱為「被貶低妄想症」。

始終都處在這種精神情感狀態的人，每天都有生不完的氣，也開心不起來，然後在有苦難言的情況下變得鬱鬱寡歡，甚至還有可能會想不開。

14．為什麼沒人懂我？

想像一下，如果我們習慣用負面情緒來面對日常生活，久而久之，內心的陰暗面也會不斷地被放大，導致我們的情緒反應異於常人，旁人更是難以理解。

沒人看得懂我的內心小劇場，也猜不透自己怒火中燒的理由，更不了解我內心的不爽、憂鬱和痛苦。面臨這種處境，會深陷「全世界沒人懂我」的懊惱感也在所難免。

但問題的根源，在於對旁人的現實視若無睹的「自戀型人格」。

受害者情結也是源於自戀。自戀者往往是自尋煩惱的人，而「覺察」能讓你超越自戀的心理狀態。

很多人會覺得將「主觀現實視為唯一」、「他人不存在」的自戀者，應該活得很隨心所欲吧？但其實他們的人生比正常人還要痛苦的多。從客觀層面來說，他們的確很我行我素，但他們自己非但不這麼認為，甚至還覺得恰好相反。

根據佛洛姆的社會性格理論，自戀、愛死亡和亂倫固著為「衰敗症候群」（Syndrome of Decay）的組成三要素。

舉例來說，自戀者會認為自己遭受到職場霸凌，儘管客觀事實並非如此，但他們自認被欺負得很慘，並對此深信不疑。提到自戀，我們腦海中第一時間浮現的形象，多半是我行我素、工作不認真、缺乏責任感又難搞。然而，對受害者情結強烈的他們來說，卻感覺自己活在不滿和憤怒之中，過著痛苦的每一天。

這些心理問題都是源於自戀。依照過去的說法，其實這也是一種社交障礙。

從公司的角度來看，這樣的員工會製造問題，錄用他們是個錯誤。然而在他們眼中，則是認定自己遭受到不公平的待遇、被剝削，儘管客觀事實並非如此。

15 喜歡他人的關注

強烈自戀者喜歡建構誇大的自我形象，同時也陶醉在其中無法自拔。總之，他們喜歡受人關注和被人讚美。

但諷刺的是，他們對其他人卻漠不關心，所以無法與人進行心靈和情感層面的交流。不是只有人際關係，在其他面向也是如此。

更宏觀地看，自戀者不會去思考、關心自己國家面臨的國際處境。缺乏國際觀的他們，對國際環境和局勢毫無興趣。

他們不是以世界中的國家來思考，而是僅僅思考國家本身。當自戀者思考國際觀時，他們不會考慮國家在世界中的位置。他們只關心國家的內部狀況，而不是如何在世界中保護自己。

就算長大成人，他們依然活得像井底之蛙。換句話說，他們目光短淺，事事以自我為中心。

此外，自戀者還會崇拜著他們膨脹的自我形象[14]。

心理學家曾將自戀者分為兩種，一種是「浮誇型」自戀，這類人會過於自我膨脹，並且陶醉其中。也就是在自戀的論文中所提到的「顯性自戀」；另一種則是自尊心低落，渴望獲得他人認可的「脆弱型」自戀。

浮誇型和脆弱型之間存在的共通點，都是沒有建立起真正的自我[15]。

第2章

「我好不幸」的受害者情結

01 ：為了趕走孤獨而交朋友

前面提到心理學家丹．凱利提出「彼得潘症候群」的概念，用來泛指心理滯留在兒童階段的成年人。

心理障礙的人的精神構造，與彼得潘症候群有異曲同工之妙。他們表面熱衷參加派對，其實是為了逃避孤獨而群聚狂歡。

簡而言之，我將心理障礙的人分成「燃燒殆盡症候群」和「彼得潘症候群」兩大類。至於兩者的區別在於燃燒殆盡症候群的人會壓抑自我，彼得潘症候群的人則是放飛自我。但無論如何，他們都是情緒的巨嬰，和周遭人格格不入。

他們跟彼得潘症候群患者一樣不負責任，不僅沒有成功克服青春期面臨的心理課題，內心始終長不大，對任何事物都興趣缺缺，也漠不關心。

他們在潛意識中飽受孤獨的折磨，所以老愛炫耀自己有很多朋友，企圖營造交遊廣泛的假象，哪怕別人有一丁點的質疑，他們都會大抓狂。他們堅信自己朋友滿天下，是因為這攸關自己虛假的自尊心。

然而，儘管他們看似交遊廣闊，卻只都是泛泛之交，不但交不到知心好友，也無法與人建立真正的友誼關係。

02 內在小孩一直沒長大

承上節所述，與其說這些人來者不拒，應該說他們沒有自覺到這一點，繼續放任不管的話，有些人會成為好手好腳卻無所事事的啃老族。即使年邁的父母含辛茹苦地照顧著年輕力壯的兒女，他們也將這一切視為是理所當然。

此外，他們在自戀之餘，同時也對母親有著強烈的依戀，雖然外表長大成人，但是精神年齡是只有五歲，內心無法斷奶的巨嬰，滿腦子只渴望被稱讚。少了他人的稱讚，自戀的他們就會懷疑自己的價值，一旦玻璃心碎滿地後，就會轉為鬱鬱寡歡，而且情緒久久不能平復。

彼得潘症候群的基本症狀，會顯現在四大層面：包含態度、思考模式、生活方式和言行舉止[16]。

丹．凱利認為自戀者在十二到十七歲會出現不負責任、焦慮、孤獨和性衝突等徵兆；到了十八到二十二歲，除了前述症狀，還會增加自戀和歧視女性等心理問題。

最後等他們離開校園、踏入社會後，就會出現社交障礙，成為人們口中難相處的問題人物。

簡而言之，這些問題人物是不負責任的自戀狂。依據丹．凱利的說法，他們年過四十五歲以後，會因為做的不是自己真正想做的事，明顯表現出憂鬱和煩躁等症狀，並且千方百計地試圖重回青春歲月。

03

過度討好他人會迷失自我

前述提到，佛洛姆認為「衰敗症候群」包含了自戀、愛死亡和亂倫固著。本書探討的是心理有障礙的人的精神構造，其核心除了自戀和母親依戀以外，「燃燒殆盡症候群」也是重點之一。

美國心理學家弗羅伊登貝格爾（Herbert J. Freudenberger）認為，燃燒殆盡症候群的人具有「善良的意圖」和「錯誤的選擇」兩大特質。姑且不論他們是否具備「善良的意圖」，但他們肯定覺得目前的工作是「錯誤的抉擇」。

燃燒殆盡症候群的人會因為缺乏自我認同[17]，導致最初就設定錯誤的目標。

為什麼他們會做出錯誤的抉擇呢？原因在於依賴性成性的他們，從小就在討好旁人，生怕辜負大家的期待，最終在心理問題未解決的情況下出社會，正式進入職場。

一般人設定目標時，會去評估自身的人際關係，以及處在何種社會框架之中，但對心理有障礙的人和燃燒殆盡症候群的人來說，承認自己的弱點，簡直生不如死。這些人表面上感覺活潑開朗，但實則是在強顏歡笑，打腫臉充胖子。

心理學家馬丁・賽里格曼（Martin Seligman）透過實驗證實，由某事引發的無助感會發生轉移，同理可證，由某事引發的恐懼感，也會在特定情境下被激發。像是年幼時對父親的畏懼，會在長大後繼續影響子女的人生。日後接觸他人時，童年學習到的恐懼感也會開始作祟。

神經質的父母動輒發飆生氣，導致子女害怕表達自己的想法。這導致他們即使長大成人後，即使面對願意關愛自己的人，還是會不敢說出自己的想法。

由於他們始終不敢表達自己，所以事後往往會懊惱不已。儘管他們怕惹怒對方，但其實根本不需要害怕。

即使遇到態度友善的人，他們依舊會將對方臆想成霸凌者，內心感到戒慎恐懼。

04 童年會傷人

曾經有某本書分享過一個心理研究：每當鈴聲響起，地上的金屬板就會傳送電流電擊馬蹄，受到電擊的馬就會抬起馬蹄，形成「鈴響代表抬起馬蹄」的條件反射動作。後來即使斷電，只要鈴響，馬依然會抬起馬蹄，因為牠深信這樣做是正確的應對方式。也就是說，這匹馬會執意去做以往正確，但如今毫無意義的行為[18]。

同理可證，從小在責罵環境下長大的人，在面臨抉擇的時刻，腦海浮現的第一個念頭是：「我一定要避免惡夢重演。」看到他人做出不符合常理的選擇時，我們不禁會納悶：「為什麼那人會做出這種選擇呢？」但只要深入了解這個人潛意識裡的情感記憶後，就會發現事出有因。

童年時期的恐懼不會輕易消失。與情緒管理能力差的父母生活，子女容易患上創傷後壓力症候群（PTSD）[19]。

至於什麼是「情感記憶」呢？這不免就要提到大腦中掌管情緒感知和記憶的重要結構——杏仁核（Amygdala）。杏仁核儲存的情感記憶因人而異。所以每個人面對同一件人事物也會產生不同的反應。

如果我們不明白這個原理，就會無法理解他人。比起出生於富有或債臺高築的家庭，個人的情感記憶對他們的行為影響更大。

專門研究恐懼的心理學家約瑟夫．勒杜克斯（Joseph E. LeDoux）也說，所有動物都會恐懼：「情緒來自大腦的不同區域，逃避情感遠比逃避意識困難得多[20]。」

05

情感記憶的後遺症

被欺負的人，即使遭到言語霸凌也默不吭聲，這是因為在被欺負時，他們會在心理上僵住（Freeze），內心害怕到做不出任何反應。

沒被欺負過的人可能會說「你可以說出來」、「為什麼不罵回去？」之類的話，但對曾有被霸凌情感記憶的人來說「是真的做不到」，簡直難如登天。

試想，如果有人出腳踹自己，我們的身體也會不自覺地縮起來吧？那些主張反擊就好的人，形同無視了那些受害者從小到大的情感記憶。

當有人欺負自己時，你會感到手足無措、不由自主地僵住，而不是反擊，這與童年的情感記憶有關。

我們之所以會產生這樣的反應，是因為杏仁核感受到危機的緣故。所以我們只能日復一日地努力，靠前額葉的運作來改變杏仁核的恐懼機制。而且，童年時期承受的壓力和心理衝擊，在成年後會造成情緒後遺症。

被神經質父母撫養長大的子女，此生面臨到的最大課題，就是克服深植內心的恐懼感。而當務之急就是「處理非理性情緒」。所謂的非理性情緒，就是毫無邏輯、道理可言，但對當事人而言卻真實存在的情緒。

雖然非理性情緒很難處理，但我們可以嘗試去做沒做過的事、學沒學過的東西，甚至去以前認為「毫無價值」的地方，對顛覆自己的價值觀的人事物心存感激。

從既定價值觀來看毫無價值的事物，搞不好有其價值所在。以洗澡為例，有人洗澡是為了舒緩焦慮，也有人是想洗淨身上髒汙，但也許你能在洗澡時間，向他人坦露心聲，讓情感得以宣洩。

對一般人來說，我們每天都會清理垃圾，但憂鬱症患者會將垃圾囤積在家中，不肯扔掉，就像將情感垃圾囤積在心裡，搞得整間房子瀰漫惡臭。在臭氣薰天的垃圾堆中吃飯，就算山珍海味，也是食之無味。

06 成為創傷知情人

由於創傷往往潛藏在我們的無意識之中，因此創傷後壓力症候群相當複雜難懂，連自己都不容易察覺。

有時連我們自己都搞不懂，自己為何會被某句話擊垮，深陷在憂鬱的泥淖中無法自拔。原因在於那句話是關鍵詞，能勾出你腦內的情感記憶。情感記憶深藏在自己也無法感知到的潛意識裡，但外界的話語卻能喚醒它。

痛苦的經歷會在無意間儲存於腦中，成為情緒的不定時炸彈。例如有人狠狠地羞辱了你，造成永生難忘、痛不欲生的屈辱體驗，之後，某人的形象或是話語，都有可能勾起你當年那份痛楚。

那些不理解你過往經歷的人，自然無法理解你會對一句話產生如此大的反應。對沒有相同情緒記憶的人而言，那只是一句無心之言，卻會讓有創傷症候群的人過往的噩夢重演。

站在旁觀者的角度，他們全然無法理解為何有人會因為一句話情緒失控，甚至渾身發抖不已。

07

為什麼只有我覺得痛苦？

談起當兵的經驗，難以釋懷的人是既往不咎的人的五倍，此外，表示這是一次「將挫折轉化為成長養分的經驗」的，大多都是選擇既往不咎的人[21]。

然而，事實真是如此嗎？畢竟當兵的血淚史，純屬個人體驗，不見得符合客觀事實。當有人說「我遭受了痛苦」時，這並不代表他們真的經歷了痛苦，而是他們將自己的經歷解釋為「痛苦」。

與在軍隊嚐到的苦頭相比，在職場遇到的問題可能根本不算什麼。姑且不論是好事還是壞事，嚴厲的主管都可能存在在某個職場中，有些人會在受害者情結的作祟下，頻頻抱怨主管刁難自己。但也不是每位下屬都這麼認為，正向積極的人甚至可能還會覺得獲益匪淺吧。

面對相同經歷，有著受害者情結的人和一般人會有截然不同的感受，但任何一方說的都是實話，他們的感受都是真實的。

有篇以「針對職場霸凌認知與自戀、性別的關聯」為題的論文[22]，曾提到以下內容：「根據二〇一六年職場霸凌調查報告，自覺或是被指控對同事職場霸凌的人不超過一一．七%。儘管如此，在過去三年內，卻有三成以上的受訪者表示自己曾受到職場霸凌。」

由此可知，雙方對職場霸凌的認知，存在著很大的差異性[23]。

調查報告顯示，由於霸凌一詞反映了每個人的心理和精神狀態。因此，某人的某句話是否實際構成職場霸凌，全憑該人的主觀意識而定。所以職場霸凌的判定並非基於事實，主要取決於每個人對於主管和公司的主觀感受[23]。這點極為重要。關鍵在於，本來每位員工對工作的定義就不同，有人厭惡上班，也有人熱愛工作，靠工作證明生存價值的也大有人在。所以主管說的話，下屬也會有各自的解讀。每位下屬對主管的看法也不盡相同。

再跟各位分享一份有關醫院的調查，研究題目是「病患對醫院的觀感與病人受虐的關聯性[24]」。礙於篇幅有限，在此就不多做贅述。簡單來說，病患在不同的心理狀態下，對治療的需求和感受也不盡相同。若醫院違背了病患對減藥和康復的期待，就會容易衍生醫療糾紛。

對職場霸凌的認知存在著個體差異，即使面對相同情況，也不見得每個人都認為是職場霸凌[23]，這是可想而知的情況。

08 職場霸凌和自戀的關聯性

勞動者對於職場霸凌的認知存在個人差異，其個人差異與勞動者的自戀程度有關[23]。

強烈自戀者會以狹隘的眼光看待事物，在人際關係上缺乏彈性，最麻煩的是，他們無法接受他人觀點。因此面對主管的言行舉止，強烈自戀者的反應也異於常人。前述章節也提過，受害者情結和自戀也有關聯。

大家都來自不同的原生家庭和生長環境，有人在健康快樂的環境長大，有人在相對艱困的環境長大。有些父母會找小孩出氣，小孩明明沒做錯事，也會無故受到責怪。久而久之，小孩就會將失敗視為威脅，一旦感覺苗頭不對，內心就會警鈴大響。

老是活得膽戰心驚、隨時都在害怕被罵的小孩，與在安心包容的環境下長大的小孩，兩者在成年後，對恐懼的認知和周圍環境的抗壓性，都會出現決定性的差異。

心理學家高爾頓．威拉德．奧爾波特（Gordon Willard Allport）在探討偏見的著作，曾提到被偏見影響較深的人具有「威脅傾向[25]」（Threat Orientation），可想而知，比起在寬容家庭長大的小孩，在權威家庭長大的小孩更容易有威脅傾向。

有威脅傾向的人，性格潛藏著較高的不穩定性。想像一下，如果你的童年過得戰戰兢兢，長期處在恐懼中，長大後自然會形成這樣的傾向，並且對周遭世界感到提心吊膽，從而使得性格穩定度也會變低。

可想而知，高威脅傾向且性格穩定度低的人，自然無法勇敢挺身面對現實社會[26]。因為能夠「勇敢挺身面對現實社會」，意味著不再感到恐懼。奧爾波特表示，偏見正是威脅傾向的副產物。

因此，「威脅傾向」在權威氛圍中成長的孩子中，比在寬容家庭中成長的孩子中更常出現。

在寬容的家庭氛圍中長大的兒童，也會有一顆寬容的心，他們覺得自己受到歡迎、受到認可，勇於放膽去做任何事。他們既不會受到嚴厲或是莫名其妙的懲罰，也不用提防父母會無緣無故大發雷霆[27]。

09
名為家庭的牢籠

奧爾波特口中的高威脅傾向者，是在名為家庭的牢籠中長大，並有很高的機率成為悲觀主義者。

這是由於他們從小就籠罩在隨時被恐嚇的陰影下，而他們最大的問題，就是現實生活會化身為威脅自己的敵人。

成長過程中缺乏安全感的人，會變得害怕面對困難。即使是客觀來看不算很困難的現實，在他們眼中都彷彿如臨大敵。

對於高威脅傾向者來說，現實本身就是種威脅，因此他們往往很悲觀。

同理可證，客觀上不構成職場霸凌的情況，看在高威脅傾向者的眼中，也會覺得自己深受其害。

有研究結果顯示，高威脅傾向員工比起一般員工，更容易把主管的教導視為職場霸凌[28]。因為他們認為自己活在一個危機四伏的世界。

W．貝蘭．華夫（W. Beran Wolfe）曾說：「現實是人類的夥伴。」除非高威脅傾向者能理解到這點，否則他們的煩惱永遠都無解。此外，我們必須知道，受害者情結和悲觀主義傾向，兩者同樣都源於自戀心理。

厭惡自我的人，不但覺得自己四面受敵，他們還會自我限制，覺得「自己必須達到某種標準，才有存在的價值」，或是「自己必須做某件事，否則周遭的人不會接納自己」，因此活得很痛苦不已。

人在內心充滿恐懼時，會將這些恐懼投射到外界，將世界視為充滿威脅的世界。

在偏激環境下長大的小孩，很容易有威脅傾向。至於在寬容環境下長大的小孩，由於生活安穩無憂，所以鮮少會有威脅傾向[29]。

不曉得各位是否發現，生活中有些人明明沒付出任何努力，卻會恣意批評他人呢？對於高威脅傾向的人來說，卻會將那群人視為過往曾批評指教自己的重要人物，並把他們不負責任的言論當作聖旨。

揭開自我的內在因素，方能造就全新的靈魂，賦予其嶄新洞察力[30]。

若你經常感覺自己腹背受敵、四面楚歌，很可能是童年時期的威脅傾向在作祟。克服此種心理障礙，是邁向心靈成長不可或缺的課題。

要克服威脅傾向，心理學家羅洛·梅（Rollo May）倡導的「自我內在力量」，是助你擺脫威脅傾向的關鍵。

後天的成長環境塑造了威脅傾向者的神經迴路。在鼓勵中長大的人，與在威脅中長大的人，心態肯定截然不同。

高威脅傾向的人，會對客觀事實進行主觀的負面解讀，偏頗地認為自己受到了侮辱。對事實的扭曲解讀，這就是偏見。

為避免自我價值被剝奪，他們會堅持己見。因為這樣做才能證明自我價值。事實上，偏見也是種「心理自殘」的行為，它會讓你放棄人生的可能性。

10

安慰劑效應的威力

為何有些人會走不出自己的認知侷限呢？這是因為他們內心深處的焦慮，形成了根深蒂固的偏見。

哈佛大學的麻醉醫師亨利・諾爾斯・比徹（Henry Knowles Beecher）曾想研究病患接受治療時劇痛的頻率，於是對在第二次世界大戰時受傷的士兵和一般病患，進行了麻醉劑實驗[51]。

在三百位男性病患中，雖然士兵受了重傷，但要求使用嗎啡的比例只有三二％，一般病患要求的比例則高達八三％。反過來說，有將近六八％

的士兵不需要嗎啡治療，而不用嗎啡的一般病患僅十七％。

研究結果顯示，雖然士兵受了重傷，但他們並不驚慌失措，精神狀態也很穩定，劫後餘生的他們還表現出樂觀開朗的態度。令人驚訝的是，在戰爭中受傷的人，擺脫痛苦的速度比一般病患更快。最後這篇論文指出，負面情緒會加重病患對疼痛的感受。

從傷勢來看，戰場上的士兵的疼痛程度，理應比在市區醫院動手術的病患來得更嚴重，但嗎啡的使用率卻遠不如預期。此外，從心理上看，士兵從充斥著絕望不安的戰場，被送往相對安全的戰地醫院，意味著災難已經遠離。

簡而言之，心理上對疼痛的反應或疼痛的成因，重要性不輸給肉體上的疼痛，甚至更甚一籌。

就連疼痛這種生理現象，都會大幅受到心理影響。即使是相同的傷勢，每個人對疼痛的感受也不盡相同。

各位有聽過「安慰劑效應」（Placebo effect）嗎？

即使病患接受的是假藥或是假手術等無效的治療，卻由於他們堅信治療有效，結果患者症狀不但得到改善，甚至有的還出現跟有效治療的病患相同的後遺症。有研究指出，只要醫生和病患都對治療有信心，有約三分之一的病患症狀會出現好轉現象。

舉例來說，心絞痛是向心臟輸送營養和酵素的冠狀動脈阻塞所導致的胸痛，通常治療方法是施行手術，將正常流通的動脈連接冠狀動脈，情況就會獲得改善。

根據實驗結果顯示，接受了假手術的病患，相信自己接受了有效治療後，胸痛症狀也有所改善。就算給他們減藥和增加運動量，其症狀與接受有效治療的病患並無二致。

我再舉一個例子，滿懷熱誠的外科醫生所操刀的兩百三十三次手術中，約有四三％的病患康復；至於缺乏熱誠的外科醫生操刀的五十九次手術中，康復的病患僅有十％[32]。

但是對病患來說，自戀的外科醫生比缺乏熱誠的醫生更糟糕，因為他們會下意識侮辱病患。就算病患接受相同的療程，但面對的醫生不同，充滿熱誠的外科醫生與自戀的外科醫生，治療效果也大不相同。

醫生也是人，本來就不能一視同仁。心理健康的醫生，無法拿來與心理健康亮紅燈的醫生相提並論。

11. 心理事實不見得是客觀事實

即使是事實，又分為「客觀事實」和「心理事實」，這兩者完全不同。不論你對當下情況做出的反應是擔心、恐懼、不悅、焦慮、憤怒還是怨恨，都請記住：**那不是你唯一能做的反應。**

舉例來說，當有人宣稱自己受到職場霸凌時，請審視是否是自戀和高威脅傾向在作祟。或許事實並非你所想的那樣。更進一步地說，有些員工雖然經常控訴自己受到職場霸凌，但事實並非如此，是因為他們原本人際關係就不好，因此容易離職。

依賴成性的人，也是高機率的婚後出軌者，往往具有強烈的戀母情結。心理學家認為戀母情結者會更傾向選擇像母親那樣的對象，他們需要一位會像母親那樣保護、呵護及照料自己的對象，一旦找不到這種對象，或是對方不符自己期待，他們就會陷入輕度焦慮和憂鬱[33]。

換句話說，他們的心智已退化成想被誇獎和受到保護的巨嬰，假如對方沒有讚美自己，他們就會視為對自己的一種批評，他們不算是真正的職場霸凌受害者。我們需要區分強烈自戀者和真正的職場霸凌受害者。

戀母情結的第一階段，就是需要無時無刻被讚美。小孩對於母親的依賴心，分為「偏愛性」和「占有欲」。他們想獨占母親，也想被母親獨占，更渴望自己是母親的全世界。

然而，當這份需求得不到滿足時，就會誘發他們潛藏的敵意。在多數情況下，敵意會在無意識下出現，然後主宰他們的人生。假如他們進入戀愛關係，也會對戀人衍生強烈的占有欲，如果這份欲求得不到滿足，他們就會產生「受害者情結」。

這裡的受害者情結源於他們從小到大缺少幫助，必須獨自面對困難的成長經歷。

失去母愛的孩子從小就感受不到受保護的安全感，需要幫助時也無人伸出援手，從而成為一個具有受害者情結的大人。長大後的他們會設法尋求慰藉，由於幼年時未能獲得充足的母愛，導致他們極度渴望愛情[34]。所以人們眼中的渣男，多少也有受害者情結。

12

解決問題，還是轉移問題？

德國精神科醫生弗麗塔·佛洛姆·萊契曼（Frieda Fromm-Reichmann）用「轉移」（transform）一詞來探討心理現象。

例如，留學生把在波士頓大學修得的學分轉移到早稻田大學，或是有人將活期存款轉移去做定期存款等，都是一種轉移。

同樣地，人際關係也會發生類似的情況。例如，當你在人際關係上有困難時，不論是戀人、朋友、同事還是夫妻關係，這些困難可能來自於過去未懸而未解的問題轉移而來。

舉例來說，有人從小與父親就保持著「服從與敵對」的矛盾關係，並對此深感苦惱。儘管他表面上服從父親，但潛意識裡卻對父親懷抱敵意。這種心理的矛盾關係沒有獲得妥善解決，於是便轉移到現在的人際關係上，導致他無法坦誠對待親近的人。

想解決成年後的人際問題困擾，必須從童年的人際關係開始探討[35]。成年人的人際問題，是從與童年時期重要人物之間未解決的困難轉移而來[35]。

亦即，後期的人際挫折必須從早期深厚的人際連結中去理解，尤其在心理治療中，心理醫師往往針對病人的童年創傷，進行多方面的研究和探討。因為這些經歷都是病人年幼時，與重要人物的關係中尚未解決的困難轉移而來[36]。

因此，我們現在的人際連結，多半是自己童年時期與重要人物深厚羈絆的轉移，所以即便是長大成人，我們依然會深受年幼時期與重要人物的心理束縛。

換句話說，如果你直至今日依然面臨到各式各樣的人際挫折，這意味著你仍無法逃離來自幼年時期重要人物的束縛。

總之，能否擺脫這份心理束縛，是人生的一大課題。

第3章

內心潛藏的自戀傾向

01
其實沒那麼受傷

有些人老愛強調自己遭受莫大的傷害。然而，倘若真是如此，我們應該為了自己克服巨大的傷痛而感到自豪，畢竟一路走來克服種種困難，才有了今日的自己，也是優秀的證明。

假如有人無法以自己的過去為榮，只是一味地強調自己受到了傷害，也許他單純是有強烈的受害者情結，實際上沒有受到多大的痛苦。

那些老是抱怨連連的人，也許是因為他們很神經質又極度渴望情感，以至於他一廂情願地認為自己受到了傷害，把自己的欲求不滿包裝成了受害者情結。另一種可能是他生性消極，經常以受害者的角度來看待人際關係。又或者他是個很自戀的人。因為一般人在回憶過往的苦難時，同時也會為成功克服困難的自己感到驕傲，而非只強調苦難。

佛洛姆在人格類型中，提出了「接受型取向」（Receptive Orientation）的概念。當父母佔主導地位時，小孩會討好父母，成為父母眼中乖巧的好孩子。但小孩卻未曾感受到自己被父母真心愛過，就算身體和社會歷練有所成長，但他們的心理層面卻沒有長大。

因此，這類人在情感方面往往有著強烈的匱乏感，總是更關注於「被愛」，而非「去愛」。這種消極被動的心態和自戀傾向，使得他們的受害者意識變得非常強烈。

佛洛姆還表示，接受型取向的人挑選對象時，往往會過於草率。

02

情緒勒索者是缺愛的人

這些未被愛過的人，往往不具備愛人的能力，但有一部分的他們依然會想照顧他人。然而，這感覺就像是手腳受傷還著繃帶的人，依然想要照顧一個醉漢。他們的受害者情結促使他們渴望被愛，即使是被醉漢一腳踢開，他們也希望得到周遭人的憐憫。渴愛的人相當執拗，只要獲得別人的安慰，他們又會一再地重蹈覆轍。

這些未被愛過的人性格執拗，還會自艾自憐，甚至不惜以自殘來博取他人同情，這些行為完全是希望大家都能關注自己。

他們總是一廂情願地認為大家都應該心懷感激地接受自己的建議跟幫助，所以老愛以「我是為了你著想、我是為你好」為由，強迫別人接受自己的好意。假如對方沒有滿足他們的期待，他們就會覺得對方不識好歹，然後懷恨在心。

事實上，喜歡把「我是為你好」掛在嘴邊的人，其實在潛意識裡有慣性否定別人的習慣。

無論在哪個國家，都有人認為「沒有人真正理解我」，這種情況在日本尤為普遍。

卡倫．荷妮列舉了數種憤怒反應的類型，她認為人有時會直接表達憤怒，有時會以強調受害的形式來表達。而當憤怒越缺乏正當性，表現出來的狀態也越誇大。

隱藏在憤怒背後的恐懼感，有人選擇面對它，有人會選擇逃避它。如果不去正視，憤怒就會在不知不覺間被壓抑到潛意識深處，使人不可避免地產生攻擊性，嚴重時甚至會引發憂鬱症。

而受害者情結就是從憤怒和憎恨演變而來，而且還帶有我們自己無法控制的強迫性。

無論如何，憤怒善於偽裝成各種樣貌，例如患有社交恐懼症（Social Phobia）的人，害怕面對他人的視線，其實也是受害者情結的一種表現[37]。

03

自戀者受傷時的反應

對這些人來說，受害者情結是一種偽裝的攻擊性，而痛苦是譴責他人的一種手段[38]。有些人表面上哀嚎「好痛苦」，表面上傳達的是受傷，但背後的潛台詞卻是：「我恨你！好想揍你一頓！」

在此列舉出幾項「壓抑憤怒」的外在表現：

1. 悲觀主義
2. 受害者情結

3. 自艾自憐

4. 熱衷扮演自我犧牲的角色

前面提到，攻擊性會巧妙地偽裝成悲觀主義，像是炫耀悲慘。這種攻擊性背後的驅動力量正是自戀[39]。受害者情結和悲觀主義，也都源自於自戀傾向；而自戀心理的扭曲表現，就是受害者情結和悲觀主義[40]。

其實隱藏在以上四大外在表現背後的真心話是：「別人應該更重視我的需求」，這句話也充分表現出他們的過度依賴及敵意。這類人往往會高估他人的能力，然後陷入自我侷限中。他們會一邊反抗對自己好的人，卻又矛盾地渴望對方繼續照顧自己的需求。

自卑者和自戀者都很容易受傷，一旦感覺被人冒犯就會產生敵意。只不過因依賴產生的「依賴性敵意」和因自戀產生的「自戀性敵意」兩者有所差異。

依賴性敵意主要是針對依賴對象，儘管如此，他們卻又離不開對方，只能懷抱著敵意跟對方更密切地來往。相反地，自戀性敵意則是傾向摧毀對方，而不是跟對方緊密連結。

依賴性敵意是儘管討厭卻離不開對方，但自戀性敵意是不想再見到對方，還可能會做出摧毀對方的行為。

我們必須切記，人們往往以受害者的姿態作為應對自尊受損的防衛機制[40]。也就是說，當自尊受到傷害時，我們會感到不知所措，而捍衛自我價值最簡單的方法，就是「受害者情結」。

當自尊心受傷，所產生的憤怒力量非常巨大。雖然日本尚未有專門研究探討這點，但對於理解我們的社會問題來說，是至關重要的事。

總而言之，自戀者會拼命扮演受害者的角色，以療癒內心的創傷[40]。

04 自戀的兩種扭曲表現

悲觀主義是一種隱藏的憤怒。對此，阿德勒提出了精闢的見解：悲觀主義是巧妙掩飾的攻擊性[40]，而攻擊性則源於自戀。

也就是說，**受害者情結跟悲觀主義，都是自戀的扭曲表現。**

各位身邊有沒有這種人？他們會喋喋不休地向他人訴說自己的悲觀想法。即使告訴他：「你說這麼多也沒意義，還是別說了吧。」但他們依然故我。因為那是他們表達情緒的方式，所以根本停不下來。他們會碎念個沒完，是因為這是他們表達憤怒的方式，而且也沒人喜歡自己在表達情緒時遭人否定。

自戀者都有顆敏感易碎的玻璃心，一旦感覺受傷就會產生憤怒和敵意，久了就會化為攻擊性。但他們有時無法直接表達這份攻擊性，導致他們會開始鬱鬱寡歡，而且否認現實也是種自我內耗。

如果受了傷的自戀者，無法直接展現自己的攻擊性，那他們就會巧妙地將其偽裝成悲觀主義和受害者情結。所以悲觀主義者才會老是喋喋不休，即使勸阻也無效，就像勸酗酒的人不要喝酒一樣，只是在白費唇舌。

至於受害者情結，則是悲觀主義的另一種展現。

人們之所以扮演受害者，是出於對自尊心受傷的防衛機制。為了撫慰受傷的心，所以他們會緊抓著這個角色不放[40]。

很多人即使成年以後依然有自戀型人格，受了傷的自戀心表現出來，就成了受害者情結和悲觀主義。

所以當你內心感到受傷時，請捫心自問：「這件事真的讓我很受傷嗎？」這樣做就能避免自己掉入悲觀主義的思考模式。

至於自戀者的思考模式，就彷彿自己掐住自己的脖子，是種心理上的自我傷害。我們必須獲得心靈成長，解決內心懸而未解的自戀問題，才不會容易被旁人的言行舉止傷到玻璃心碎滿地。

我在第一章提過，每個人面對相同情況，也未必會有相同的感受。對自戀者來說，即使是他人善意的提醒，有人會心懷感激，自戀者卻會覺得自己被冒犯。

在同樣的情況下，同樣的話語，不同人並不一定會以相同的方式受傷。

05

被忽視會引發強烈敵意

攻擊性和自戀存在密不可分的關聯性。

自戀者受到傷害時，便會產生強烈的攻擊性，甚至到了冷酷無情的地步[41]。攻擊性與自戀之間的關聯性至關重要[42]。當自戀者的自尊心受傷時，就會不擇手段地想療傷，即使是微不足道的冷落，在他們眼中也是很嚴重的罪行，彷彿如鯁在喉，不吐不快。所以他們絕對會以牙還牙，千方百計想扳回一城[43]。

若是忽略了攻擊性與自戀之間的高度關聯，就難以解釋近年來青少年犯罪有變得殘忍化的現象，足以證明自戀者的高攻擊性有多驚人；他們很可能只是被閒言閒語幾句，就會犯下令人跌破眼鏡的殘酷罪行。

自戀型還有個特點，就是他們受傷時，必須採取明確行動來療傷[43]。

當然，不只是青少年犯罪殘忍化，在世界各地的各種暴力事件，無論是日常的人際關係，還是社會案件的肢體衝突等相關糾紛，主要都跟其中一方的自尊心受傷脫離不了關係[44]。

如果我們能在成長過程中，解決自戀的心理問題，就能逆轉人生，過上快樂幸福的生活。

在國外心理學文獻中，攻擊性和自戀的相關探討相當常見[45]。由於自戀者有顆易碎敏感的心，所以會不可避免地產生直接或間接的攻擊性。

06 為了維護自尊的暴力傾向

許多研究指出，當自戀者的自我價值感受到威脅，傷害到自尊心時，就會出現暴力傾向[46]。

如果家庭成員中有自戀者，有時會表現為家庭暴力。例如另一半是自戀型人格，當他們感覺自尊受傷，就可能導致家庭暴力，像是直接拳腳相向，也可能是摔東西洩憤等。

自戀者會產生攻擊性反應[47]，是千真萬確的事實。

當有關少年犯的重大社會案件鬧得沸沸揚揚時，社會大眾往往會忽略他們所犯下的暴行，多半是自戀者的典型反應[47]，所以從自戀人格去理解青少年的暴行，是未來重要的議題。

自戀者會為了報復受傷的自尊心，強化內心潛藏的攻擊性[48]。

07 浮誇型自戀 vs. 脆弱型自戀

探討自戀者的國外研究報告，將自戀分成兩種類型。先前所描述的都是非壓抑型自戀的「浮誇愛表現型」（Grandiosity-Exhibitionism）；另一種則是壓抑型自戀的「脆弱敏感型」（Vulnerability-Sensitivity）[49]。兩者看似毫無關聯，卻都具備自戀的核心特徵。

浮誇愛表現型自戀者總是好高騖遠，脆弱敏感型則是極為敏感又容易受傷。日本人往往傾向於後者，他們通常個性內向，防禦心也很重。

儘管這兩種類型表面看起來天差地別，但共同點都是「自我感覺良好」

和「對他人漠不關心」。

與悲觀主義者存在著關聯性的是脆弱敏感型[50]。而隱性自戀者（Covert Narcissism）和顯性自戀者（Covert Narcissism）乍看天差地別，但都有心理問題，也會引發一連串的心理障礙[50]。

浮誇愛表現型是外強中乾的紙老虎，雖然外表看似毫無畏懼，但潛意識裡卻是個膽小鬼，他們必須浮誇地展現自我，否則無法面對現實。他們會說出「我要征服世界」等中二味十足的豪語。雖然看似胸懷大志，實際上膽小如鼠，必須誇下海口才敢面對現實。一般人不必發下豪語，也能維持正常的人際交往，亦不會過度看重他人的讚美。

雖然有些人不至於會妄發豪語，但依然喜歡說大話。懶惰成性的他們，沒有實際付出相應的努力，還會嘲笑每天都很努力認真過生活的人。由於潛意識裡恐懼感跟自卑感作祟，所以他們碰到優秀的人會倍感焦慮，必須嘲笑對方來穩定自己的情緒。好吃懶做、愛吹牛皮和批評別人，這就是典型的浮誇愛表現型自戀者。

總之，自戀分為兩種類型，特徵如下：

1. 浮誇愛表現型（Grandiosity-Exhibitionism）：外向、充滿自信、過度展現自我、具攻擊性
2. 脆弱敏感型（Vulnerability-Sensitivity）：內向、防衛、焦慮不安

自我放縱（self-indulgence）和目中無人，乍看之下完全不同，其實有所關聯。

心理障礙的本質，正是敏感易受傷型的自戀者[49]。無論是哪種類型，自戀者都極度需要別人的讚美。隱性自戀者和顯性自戀者乍看天差地別，

但都存在著心理問題，也會引發一連串心理障礙[50]。

各位必須瞭解，自戀者的自我評價異於常人，請大家務必認清自戀與健康的高自尊不同[51]。健康良好的自我評價，可幫助人認清自身的能力跟特質，然後肯定自己[52]，所以一般人既不用靠吹牛皮穩定自己的情緒，也不用靠嘲笑社會菁英來讓自己安心。相反地，顯性自戀者覺得社會菁英是一大威脅。他們連在電視上看到成功人士，第一時間就是出言侮辱和嘲笑。

顯性自戀者只能透過批評他人來捍衛自尊心，他們的核心特徵是潛意識層面的自卑感，還有意識層面的優越感[53]。

簡單來說，顯性自戀者在潛意識層面其實缺乏自信又迷惘無助；然而在意識層面上，他們卻會在人前不斷展現胸有成竹的態度，「因為我無比自信，所以我擁有自信」[53]。

當你內心感到很受傷時，

請捫心自問：

「這件事真的讓我很受傷嗎？」

避免自己掉入

悲觀主義的思考模式。

08

無時無刻都需要他人讚美

顯性自戀者的情緒容易受他人左右，被稱讚就會眉開眼笑，沒被稱讚就會悶悶不樂。當自己成為話題焦點時，他們會心花怒放；若是無人關注，他們就會感到無趣。

顯性自戀者的言行舉止讓人匪夷所思，他們上一秒還眉開眼笑，下一秒卻又變臉生氣。相反的，隱性自戀者雖然對批評很敏感，卻會充分發揮其壓抑的能力，不會有明顯的反應[54]。內向又防衛心重的隱性自戀者，不會直接表達憤怒，而是會偽裝成悲觀主義和受害者情結的形式來表達。

情緒過於敏感的人通常是隱性自戀者。

佛洛伊德認為自戀是人類的原始本能，目的是建立世界與自己的關係。但阿德勒卻提出了不同的看法，他認為人類是社會性動物，自戀人格並非原始本能，是種排斥他人的行為，同時也是非正常的心態[55]。

與其爭論佛洛伊德和阿德勒孰對孰錯，不如將自戀視為童年時期的正常心態，人生來就自戀，但我認為只要在充滿關愛的環境下成長，這份自戀就會逐漸消失。

不過，這裡說的自戀人格是一種天性，並非浮誇又愛自我膨脹的顯性自戀者。

09

讚美成癮症的危險性

為什麼有人會因為他人言行舉止而感覺自我價值受損呢？事實上，這本身就是很荒謬的一件事。

瘋狂追逐名聲的人，心理上其實與酗酒者無異，只不過他們成癮的對象不是酒精，而是名譽。如果你仔細觀察他們，就會明白他們是冷酷的利己主義者。這類人飽受內心的衝突折磨，從不考慮他人，只會一味地追求自身利益，極度以自我為中心。

即使受到別人不合理的對待，也無損我們的自身價值；就算別人無視我們的意見，對我們也無關痛癢。如果對方沒有傾聽他人意見的能力，就沒必要因為自己的觀點被無視，就感覺自我價值被剝奪。

然而，自戀者只要感覺自己被無視，就會怒火中燒，還會因壓力過大而生病。冷酷無情的利己主義者、瘋狂追逐名聲的人，絲毫不覺得自己目中無人的態度很失禮。然而，自戀者卻會為了這類人心煩意亂，甚至在腦中一直揮之不去，然後日思夜想，成為他們的心理奴隸。

由於自戀者無法秉持真心與人交往、與真誠的人建立信賴關係，所以他們的內心始終很空虛，才會被冷酷的利己主義者佔據。正因為他們內心空虛，才會被傷害自己的人趁虛而入。

只要能真心待人，就不會把那種人放在心上；只要與人建立信賴關係，就能掌握人際關係的安全距離，也會懂得分辨值得珍惜的人的樣子，這是自戀者最欠缺的部分。

弗麗塔・佛洛姆・萊契曼所提到的「無差別的求愛」，指的就是在成長過程中缺乏關愛而成為自戀者的人吧。

自戀者不會關心他人，也不會顧慮任何人的感受，所以即使走在路上，無論是派出所的警察、商店街的大叔還是街上的老者，他們既不關心，也視若無睹。

10

容易被有心人士欺騙

自戀者向人打招呼，為了是給人留下良好印象，不是真心為了與人溝通交流。因此，自戀者向人表達關懷時，也並非出於真心，而是想塑造良好人設，也就是「自戀式的關心」。所以他們有時會付出過頭，被有心人士利用和欺騙。

由於自戀者沒有意識到自己內心的空虛寂寞，並且，自戀者內心藏著很深的恐懼。對現實漠不關心，也無法認清現實的他們，只能被內心深處的恐懼感驅使去感知周遭的世界。

換句話說，他們寧願懷抱恐懼感，也不願去看清周遭的世界，所以對周遭世界毫無戒備，反而很容易被身邊狡猾的人利用和欺騙。

相反地，在安全又穩定的環境下長大的人，非但對世界沒有恐懼，甚至還充滿高度的興趣，同時他們也會有所防備，不會輕易受到傷害。

11

有毒的自戀型父母

自戀者會要求他人扮演補足自戀的角色[56]。

雖然蘇黎世大學教授尤爾格・威利（Jürg Willi）曾透過男女關係探討本現象，但我認為最經典案例應該是親子關係。

生性善良的子女，會被自戀者父母強迫扮演「補足型自戀者」的角色。著名的兒童研究專家約翰・鮑比（John Bowlby）將此現象稱為「親子角色逆轉」。原本應該是父母寵愛孩子、滿足孩子的需求，但親子的角色卻產生了逆轉，變成小孩被迫去滿足父母的情感需求。

假如另一半是自戀者，通常夫妻關係不會太融洽，因為他會習慣性挑剔伴侶。

由於他們從周遭人的關係中老是得不到滿足，所以會想從子女身上尋求彌補，強迫他們成為補足型自戀者。對孩子來說，被迫扮演補足型自戀者的人生是一場悲劇。

自戀型父母會在精神上操控天真無邪的孩子，直到孩子對「父母是萬能的神」這點深信不疑，通過此舉，自戀型父母才會感到安心。

從懷抱受害者情結的心態，過著炫耀悲慘、博取他人同情和關注的利己生活，要他們轉變成與人攜手合作的利他生活，簡直是翻天覆地的變化。

換句話說，想改變這一整個自戀世代，絕非一件簡單的事，這些人也不會輕易地消失。

12
自戀型家庭會產出情緒孤兒

孩子在成長過程中需要父母無條件的積極關懷，子女的心理才會健全發展。但自戀者缺乏同理能力、不會積極關懷他人，因此他們的子女很難發展出成熟的心理。

加上自戀者會陷入自我侷限的世界，深受內心的痛苦束縛，因此自戀型父母很難好好關心子女，也無法擁有幸福圓滿的家庭生活。身處在這樣的家庭，孩子感受不到生活的意義也很正常。

事實上，自戀型父母連自己的情緒糾葛都搞不定，哪還顧及的到孩子的快樂或煩惱呢？真要說起來，他們是嚴重缺乏共情能力的人。他們光是應付自己的生活，就已經拼盡全力了，所以也無法理解自己與孩子間早已成為有毒的親子關係，更無法想像什麼是為人父母的責任感。

以自戀型父母的角度來說，視孩子為沉重的負擔，也覺得為人父母是件很不公平的苦差事。自戀型父親會憤恨不平地想著：「為什麼只有我得養家活口，為這個家做牛做馬？」甚至會動不動就叫家人滾出去；同樣地，自戀型母親也會抱有類似的想法：「為什麼只有我要做這些家事？」這都是受害者情結在作祟。

如果父母都是自戀者，那麼整個家庭的關係，想必是貌合神離。無論經歷了什麼，彼此間也沒有共鳴，毫無心靈交流。

我認為在這種家庭環境下成長的孩子，根本感受不到自己的生活意義。在全世界，日本的年輕人是最難感受到與家人相處有價值的一群人。

換句話說，日本是一個自戀的國家。

自戀型父母光是應付自己內心的糾結，就已耗盡全部的心力，所以他們根本無法享受育兒的幸福、家庭的天倫之樂。

如果光是活著就讓人筋疲力盡，毫無喘息空間，養兒育女自然不會是人生樂事。

若有很多人認為育兒是件快樂的事，大家自然會紛紛加入生兒育女的行列。然而，當全世界都在強調育兒面臨的負擔而非快樂時，年輕人自然會對生兒育女感到敬而遠之。

自戀者極度不適合為人父母，畢竟孩子在成長過程中，少不了雙親的關愛和呵護。可是自戀型父母，甚至會希望為人父母的自己持續受到關愛和呵護，也因為在這方面無法獲得滿足，所以他們才會產生受害者情結。

13：困境的起源：童年陰影

有位二十八歲的年輕人向我諮詢他的苦惱，無論他換了多少工作，都無法與上司相處融洽，他認為問題在於自己無法與現在的主管建立良好關係，但事實並非如此。

後來我才知道，他在成長過程中不曾經歷叛逆期。他略過了這個階段，對父親始終百依百順，也沒有妥善處理過往與父親的衝突，卻在不知不覺中，潛意識裡對父親產生了強烈的敵意。

於是，這份隱藏的敵意便投射到他當下的主管身上。無論他換了多少公司，無法跟上司相處融洽，因為問題的本質並不在於現在的主管，而在於未解決的過去。

過去懸而未解的問題，會轉化成當下的困境，持續困擾著我們。

美國知名巡迴演說家和管理諮詢顧問雪莉・卡特史考特（Cherie Carter-Scott）曾寫過一本名為《企業消極症候群》（*The Corporate Negaholic*，直譯）的書[57]。在書中，她指出「企業消極症候群」泛指一系列的心理問題，例如許多員工下意識低估自己的價值，阻礙願望的顯化，最後不僅扼殺自己的願望，也連帶破壞了公司的夢想和願景。

這本書在第一章開頭提到如何重建公司的人際關係，節錄如下：

企業消極症候群的起因，在於員工將自身童年的消極性和問題行徑帶入職場而引發。如果未能察覺且放任不管，企業就會被員工的問題行徑綁架和控制[58]。

換句話說，許多職場的人際糾紛，基本上是員工將過去懸而未解的心理創傷，投射到與現在同事之間的相處問題。

在此舉出書中某個案例，行銷部門的主管托比與一名女性下屬卡蘿合不來。卡蘿認為托比沒有給予自己任何應有的協助，而托比對此的回應是「我想和成熟的人共事，既不想捲入無謂瑣碎的糾紛，也不想逐一處理下屬的抱怨和牢騷。」

14 從童年經驗回溯情感源頭

為了找出托比和女性下屬處不來的原因，卡特史考特約談了所有相關人等後，才總算真相大白。

托比開始講述他的故事：「我有五個妹妹，是家中唯一的長子。過去母親與我有著深厚的情感聯繫，但媽媽卻在某天突然消失了。幾週後，我才知道她患了神經衰弱症。在她離家的這段期間，我自覺必須代替她去照顧妹妹們。但她返家後，卻像是變了一個人，我們的關係不復以往親密，也再也喚不回那段逝去的時光。」

當他說完這些往事後，也濕了眼眶，依然感到情緒激動不已。

「回想起當時的情景，你有什麼感受？」她問。

「心煩意亂，情緒難以平復。」

「關於那段往事，你還有什麼想補充的嗎？」

他說：「我以為自己早放下了那段過去，但卡蘿給我的感覺，與當年的我面對妹妹們的各種需求時，感覺一模一樣，我至今仍清楚記得，母親離家的那段期間，家庭重擔帶給我前所未有的巨大壓力。仔細想想，我在年僅十一、二歲時，就不得不肩負起父親的角色。」從他的表情看來，這是他意料之外的發現。

卡特史考特回應道：「你分享的這段經歷，正好能用來分析你在目前職場上面臨的困境。我想你年幼時和五個妹妹的關係，為你和其他女性關係中埋下了未爆彈。這段經歷讓你在人格形成的過程中，覺得女性總會提出超出你能力範圍的要求。若是如此，你正在與女性下屬的關係中，重現當年自己與妹妹的問題。說來也湊巧，你的下屬也清一色是女性呢。」

托比始終深埋內心的記憶，在腦中鮮明浮現，連旁人都能看出他激動的情緒。卡特史考特以托比近期的情緒為出發點，去回溯他的童年經驗，找出這份情感的源頭。那個尚未痊癒的童年創傷，導致他一直戴著有色的眼鏡，去看待所有周遭女性與自己的互動。

這一個新發現為他的現況開啟了一線嶄新的曙光。當托比的情緒平復下來後，卡特史考特問他想如何處理過去和眼前的問題。他表示「想先去逐一探望妹妹們，從修復關係開始做起」。

過去的他認為自己有責任代替父母照顧五個妹妹，但這份家庭重擔讓他感到沉重又無助，發現過去與現在的連結後，如今的他，如今的他希望能走出過往的陰霾，變得積極許多[59]。

第4章

請小心對待容易受傷的我

01

自戀世代興起的原因

前面提到，自戀者有時會將自己強烈的攻擊性偽裝成弱點，以悲觀主義的樣貌展現出來。我想這也是自戀在現代如此盛行的原因。

《最新全球民意》（*World Opinion Update*，直譯）雜誌曾做過以下問卷調查：「面為即將到來的二〇〇五年，你覺得自己即將迎來怎樣的一年呢？[60]」

認為「明年會更好」的受訪者比例為美國三八％、德國一一％、西班牙二八％、法國二七％、義大利二〇％、英國三二％。

雖然只有六個國家的民眾受訪，但結果顯示美國人較為樂觀。無論是對國內經濟展望還是就業狀況，抱持樂觀態度的都以美國人居多。

此外，在「你認為生活狀況會在未來五年有所改善嗎？」這題，回答「未來會有所改善」的受訪者比例為美國五五％、德國一八％、西班牙五〇％、法國四四％、義大利四四％、英國五〇％。美國人依然居冠。

至於問到「與五年前相比，你的生活是否真的有所改善？」時，現實未必跟預想中相同。雖然差距甚微，但普遍公認生活情況有大幅改善的國家是英國，美國僅位居第三。

從過往研究得知，雖然美國不見得是生活狀況改善最多的國家，卻是最看好未來、認為以後會更好的國家[60]。

事實上，在我們眼中，美國人確實是徹頭徹尾的樂天派。從民調機構蓋洛普（Gallup）的結論得知，他們是超級樂觀主義者。

該機構於二〇〇三年針對全球六十三個國家的民眾做過類似的調查：「你覺得今年會變得更好、更壞還是持平？[61]」結果在六十三個國家中，最悲觀的國家是「日本」，而且悲觀程度遙遙領先於其他國家。

回答「會變得更好」的受訪者比例，至少都有二位數：南非二九％、烏干達四二％、喀麥隆四三％、奈及利亞六八％、香港三一％、印度三七％、紐西蘭六三％、馬來西亞四四％、美國六四％、巴拿馬五三％、哥倫比亞五二％、加拿大五九％、埃及五四％、土耳其六七％、以色列二九％、愛沙尼亞四四％、喬治亞四六％、科索沃七四％、丹麥五四％、英國四一％、德國二二％、法國三七％。

然而，回答「會變得更好」的日本受訪者比例，只有九％，低至個位數。

與其說是悲觀到離譜，不如把日本視為特殊案例。

總之，全球的樂觀指數還算高，只有日本的樂觀指數偏低，對未來尤為悲觀。

我們無法奢望全球最悲觀的日本向全球最樂觀的美國看齊，發揮同等的經濟效益。換句話說，即使想促進全球經濟活動，也必須考量到民族性。

前述調查中，還會發現科索沃人的樂觀指數高於美國，但那是由於該國境內的阿爾巴尼亞人和塞爾維亞人起衝突爆發內戰，算是特殊狀況，所以我們可以認為，美國依然是全球最樂觀的國家。

讓全球最悲觀的日本人去解讀全球最樂觀的美國人，沒出差錯才奇怪。雖然我研究過悲觀主義的調查，卻對關於「受害者情結」的全球調查不太熟悉。但我推測受害者情結最嚴重的國家，八成也是自戀者居多的日本。

「自戀」是解讀當代人的關鍵詞，而「玻璃心」一詞之所以問世，八成是因為很適合用來描述焦慮又容易受傷的現代人吧。

02
千錯萬錯都是別人的錯

當孩子受傷時，父母的心思瞬間會集中在孩子身上，無暇顧及其他事情吧。又或者在孩子升學考試期間，父母只會滿心惦記著孩子的事，根本無力關注其他事情。

然而，對自戀者來說滿腦子只有自己，絲毫不會在意他人的感受，即使給別人添了麻煩，他們也渾然不覺，因此最終會越來越孤立在眾人之外。

由於他們只能用受害者的角度看世界，所以只能看到狹隘的一面。相反地，有些人有著過度的加害者情結，其中必定包含了受害者情結的反向作用。事實上，他們雖然不是受害者，卻被受害者情結驅使而行動，所以經常引起不必要的人際糾紛。

在人際關係中經常遇到麻煩的人，或許可以重新審視自己的視角。

受害者情結是一種自戀的表現。受傷的自戀者會火冒三丈，產生強烈的憤怒。事實上，**受害者情結就是自戀的扭曲表現**[62]。

他們扮演受害者的角色，是為了博取他人同情，並維持與他人之間的不成熟關係。強調自己是受害者，是他們否認內心敵意，同時向外表達憤怒的一種手段。而且有受害者情結的人，既想謀求他人的同情，也渴望被人照顧。

正如我多次提到的，扮演受害者是他們防止自尊心受傷，還有自我安慰的一種手段。

在受害者情結的驅使下，他們會覺得自己很倒楣，「只有我最痛苦」

的想法也是否認敵意和表達憤怒的方法。透過前述對自戀的闡述，可導出以下結論：自戀者之所以扮演受害者，是為了保護自己受傷的自尊心，並修復內心的創傷。

03 我為你付出這麼多

「我那麼辛苦工作」、「要不是我犧牲」、「整個家只有我在付出」……你身邊有總是這樣認為的人嗎？

老是覺得自己最犧牲的人很可能沒意識到，自我犧牲不是維繫人際關係的長久之計。因為在他們犧牲、付出的同時，內心也會產生恨意。

正如美國傑出的精神科醫生大衛．西伯里（David Seabury）所說，這是種掠奪行為。

某天我們會察覺到，日常生活中常見的自我犧牲，其實是向他人展開掠奪的第一步[63]。

在西伯里的書中曾提到某個案例：貝西夫人（Mrs. Bassy）無法接受孩子獨立，也離不開自己的孩子。儘管貝西夫人再三強調自己為了孩子犧牲奉獻，但她骨子裡卻是不折不扣的利己主義者[64]。

德國精神科醫生弗麗塔．佛洛姆．萊契曼也說：「我們從精神分析學了解到，自我犧牲幾乎都伴隨著仇恨[65]。」換句話說，所謂自我犧牲的奉獻行為，是高度的心理依賴表現。

那些老愛強調自己倒楣，有強烈受害者情結的人，背後隱藏的是「依賴性敵意」。因此當依賴心理消失，眼前的痛苦也會煙消雲散。

那些聲稱「錯不在我」和「倒楣的總是我」的人，不但搞錯了努力方向，也搞錯了努力的方式。

說句嚴厲的話，這些思考角度狹隘的愚昧之輩，多半是有燃燒殆盡症候群的人，因為他們往往會在團隊努力奉獻一切、自我犧牲，卻無法獲得相應的成果。

卡倫．荷妮認為自毀型人格的人之所以付出努力，是因為他們恐懼他人，也害怕過去創傷的經驗重演[66]。但這種源於恐懼的努力，動機是出於自我保護，所以長遠來看，這些努力終將徒勞無功。

卡倫．荷妮指出自我毀滅型自戀者的受虐反應來自於這三處：

1. 強迫他人接受自己的關注或服務，卻不在乎他人是否想要時。
2. 沒有得到自己期待的回應，也就是得不到任何回饋的時候。例如他們付出時，會期待對方有所回應，但對方毫無反應時，他們就會覺得很受傷。「我為你做了這麼多，怎麼一句感謝都沒有？」這顯示出他們有多麼渴望自己的付出可以得到回報。

3. 當理想中的自我形象受損時[67]。

問題不在於他們客觀上是否受到傷害，而是他們「主觀」上認為自己受到傷害，如前所述，這是種「心理自殘」的行為，也反映出他們極度渴望被愛的內在需求。

總而言之，這三種情況都充分證明了自我毀滅型自戀者對愛的渴求是多麼強烈，所以他們才會深受「受害者情結」所苦。他們總把「沒人把我當一回事」、「你不懂我」、「大家都在欺負我」以及「只有我吃虧」等諸如此類的話語掛在嘴邊，對於自小被鼓勵獨立自主，在關愛中長大的人來說，很難想像他們的受害者情結有多強烈。

一個在充滿愛的環境下長大的人，既不會創造理想化的自我形象，也不會期待他人回報而做某些事，更不會強迫他人接受自己關心和幫助，與自我毀滅型自戀者的心態大相逕庭。因此，一個人童年成長的環境是自戀是否會被強化的關鍵因素。

「沒有人懂我」、「大家都欺負我」和「錯不在我」——這些都是自我毀滅型自戀者基於受害者情結經常上演的內心戲，但一般人只會感到匪夷所思。

04

「好想談戀愛」背後的心理

強烈自戀者即使長大成人後，內心深處仍渴望有人能扮演父母的角色。他們在潛意識裡始終在尋覓著母愛，就算外表已是成年人，但在人際關係方面，他們依然是個沒斷奶的巨嬰。

由於在成年後，沒人願意在現實生活中扮演父母的角色，他們的受害者情結也隨之而生，這正是卡倫．荷妮在著作中所說，心理健康的人難以理解他們內心的「受虐感」。

他們在成年後的情感需求，就跟年幼時索求母親的愛時沒什麼兩樣，與生理幼童不同的是，他們情感需求的背後隱藏著敵意。

看在周遭人眼中，這種受害者情結實在很奇怪，為什麼他們老是覺得自己被欺負呢？

那些有著憂鬱症和高度神經質傾向的人等身心症患者，其情感需求也很相似，他們要的是別人像父母那般寵愛自己。

他們內心的受虐感，是對愛饑渴的表現，潛台詞是「給我更多愛」和「幫幫我」。他們不認為幸福的泉源是源自自己的內心，而是應該向外界索取，所以他們會索求無度，即使得到再多也不會感到滿足。我們明白真正的幸福在於替人設身處地的著想，但他們認為自己嘗到甜頭才是幸福。

雖然利他主義才是能帶來幸福的真正來源，但他們終其一生都很自私自利。由於他們年幼時，很可能缺乏「在搖籃內被溫柔哄睡」這類的感受，所以成年後其內心依然渴望自己能「在搖籃內被溫柔哄睡」，無時無刻都在跟人討拍。這也是有憂鬱傾向的人，與一般人之間的心理鴻溝。

克服受害者情結的唯一方法，就是放棄找人討拍的念頭。

有受害者情結的人，其實是在貶低自我。所以他們必須自我吹噓，博取外界的讚揚得到心理上的補償，這是戀母情結的第一階段。

有些男性當理想化的自我形象與現實自我相差甚遠時，只要在異性相處上不太順遂，他們就會陷入佛洛姆所說的「輕度焦慮和憂鬱狀態」。心理上的依賴性，導致他們無法自發性的改善人際問題。

一旦陷入輕度焦慮和憂鬱狀態後，「受害者情結」就會開始作祟，這些男性會變得怨天尤人、把責任推到別人身上，「是她太拜金」、「不是我的錯」，同時也會越來越沒自信。

此外，親子角色逆轉的父母，得不到孩子的回饋時，也會陷入輕度焦慮和憂鬱狀態。或者孩子們沒有體恤他們工作的辛勞時，他們也會生氣。

若他們是無法直接表達內心憤怒的類型，就會以鬱悶的形式展現。

無論是鬱悶還是不高興，都是依賴性的憂鬱反應。由於對方的反應不如預期，他們在依賴對方的同時，也在生著對方的氣。

總結來說，他們需要一個能像母親般「安慰、疼愛、讚美、保護和照顧」自己的女性[68]，否則他們就會提不起勁。

05

偏見也來自受害者情結

心理成長受挫的人，會試圖阻止內心潛藏的焦慮和恐懼浮上檯面。他們會先挑好一個「壞人」，用以解釋所有的困境和不順利，他們會將不幸歸咎於外部世界，將自己的責任推得一乾二淨。

如果他是上班族，就會埋怨自己沒能升職加薪，是公司主管有眼無珠；如果他是大學生，就會推託自己課業太忙，忙到沒時間做研究；如果他的人緣不好，就會宣稱不是自己交不到朋友，而是不想花時間跟人打交道。對於成敗未定的事，他們一概認為行不通。

出於內心的焦慮，他們認定自己不會成功，企圖透過這種反應來掩飾內心的焦慮和恐懼，從而獲得安心感。

這樣的人，不管在哪都是藉口一堆：「我老是被分配一些瑣事，所以沒時間做研究。」（研究沒成果）、「課長領導無方，導致我無法升遷。」（仕途不順）、「我太太不懂社交，還得照顧小孩，所以我無法出人頭地，都是以家庭為重的緣故。」這些想法的背後，往往是受害者情結在作祟，他們始終認為自己是吃虧的一方，還毫無根據地認為這個世界很不公平。

同時，他們依然渴望有人寵愛和呵護自己。這意味他們缺乏同齡人該有的心理素質，即便如此，卻得扛下身為成年人的重擔，受害者情結也因應而生。就算他們晉升為父母，卻還沒做好心理準備，要精神年齡只有三歲的他們，去履行父母的職責，可想而知當然會產生受害者情結。

對於心理健康的成年人來說，三歲小孩會感到快樂的事情，他們也能享受快樂，但對於心智仍然停留在三歲的人來說，卻會造成痛苦。舉例來說，如果他們試圖獨占母親的關注，但母親卻將注意力轉移到其他人身上時，他們就會吃醋。

依賴性高的人極度敏感，因此容易產生受害者情結。然後為了捍衛自身權益，他們會開始把責任推給對方，更會不斷強調對方的身分。如果對方是老師，他就會說：「這些是為人師表應盡的責任」；如果對方是主管，他會覺得這是主管應該要解決的分內之事。

這類人的通病就是永遠忽略自己的責任，只會追究對方的錯誤。

06

越傲慢，越脆弱

「我必須這樣做，才能在艱難的社會中生存下去，因此錯不在我」

——這是有受害者情結的人的真實心聲。

「出不了名、賺不了大錢、無權無勢都不是我的問題，千錯萬錯都是別人的錯。」他們會透過推卸責任，來合理化自己的受害者情結。

總之，他們身上不幸的境遇，自己不用負任何責任。既然「錯不在我」，就表示旁人有責任要讓自己變得幸福。

因此，當其他人只把他們當普通人對待，不覺得他們有多了不起時，他們就會認為自己受到嚴重的冒犯。然而，儘管他們對別人是否冒犯自己相當敏感，對自己冒犯別人時卻超級遲鈍。

如果別人以其人之道還治其人之身，他會爆怒；當理想的自我與現實自我的差距越大，他們內心累積的憤怒也越多。因此，越傲慢的人，越容易受傷。

自戀者都很自命不凡，但其他人不這樣想，也沒有給他們特殊待遇，把他們當普通人對待這點，會讓他們大受打擊。

自尊心受傷的自戀者，會變得特別有攻擊性。顯性自戀者會突然勃然大怒，隱性自戀者則可能會縮回自己的世界，然後拼命怨天尤人。

自戀心理不會隨著年歲漸長而消失，除非獲得滿足。他們內心始終都在渴求著無條件的愛。雖然他們的表意識並不自戀，但潛意識還是不折不扣的自戀者。

儘管他表面上是個社會菁英，但潛意識卻像個幼兒般尋求著「母愛」。然而，在成人世界如果不變得成熟，就無法生存。久而久之，他們會很難在成人世界中存活下來。自我陶醉又自我中心的個性，容易在人際關係上引發各種糾紛。

但麻煩的是，這群麻煩製造者絲毫不覺得自己自戀，儘管周遭人都知道他們很自我中心。

他們的自我認知，與他人對自己的認知是天差地別。

07 有些惡人總是先告狀

佛洛姆認為自戀者「面對任何批評指教都非常敏感」，而且不管旁人的批評是否正確，他們的反應一律都是否定，並伴隨著憤怒和憂鬱的反應[69]。

他們會否定所有的批評，值得一提的是，他們否定但不提供任何證據。換句話說，顯性自戀者會毫無根據地大聲指責他人，強迫他人接受自己的看法。

一般人不會在毫無根據的情況下指責他人，就算是大聲批判他人，也是其來有自。然而，病入膏肓的顯性自戀者，即便是正當的批評，也可以臉不紅氣不喘的否認到底。

「自戀程度越高的人，越難接受合理的批評[70]。」他們甚至會指控有憑有據的批評者是在霸凌自己，這是因為他們總是在霸凌別人。

想當然耳，他們不會承認自己在霸凌弱者。從這個角度上來看，自戀者會壓抑自我，儘管心知肚明自己在霸凌弱者，卻又不願意承認。於是做賊心虛的他們，就會把霸凌「投射」到他人身上，把霸凌的對象變成了自己。一旦遇到比自己強勢的對象時，他們的受害者情結就會發作，更是順利成章地控訴自己遭到霸凌。

總之，自戀者拒絕承認事實，不管是否合理，並且嚴厲譴責對自己不利的人事物。

08

將單純的評論視為惡意攻擊

脆弱型自戀者的特徵在於內心相當敏感脆弱，面對批評會有強烈的情緒化反應。

自戀者面對批評時會惱羞成怒，由於自戀心理，他們無法想像別人的批評是對的，甚至會視為是惡意攻擊。

越是自戀的人，在精神上就越與世隔絕，所以更容易大驚小怪。只要理解這點，就能明白他們為什麼會對批評如此憤怒。他們用自戀去彌補內心的孤獨跟恐懼。因此當他們自尊心受傷時，就會出現存在危機[71]。

假如他們的怒氣無處宣洩，就會變得鬱鬱寡歡。為了避免如此，他們會採取兩種方法來保護自己，一種是變得更加自戀，另一種是企圖扭曲事實，讓現實在某種程度上符合自己的自戀形象。

例如，明明成就微不足道，但內心會覺得自己做了多了不起的事。又或者是那些互相吹捧的愚蠢交流，像是：「您的這本新書真是妙筆生花。」另一位則回誇：「您的書才是別出心裁呢！」

儘管雙方互相吹捧彼此有多優秀，但旁人卻不這麼認為。但無論如何，雙方都在努力讓現實在某種程度上貼近自戀的自我形象。

總之，他們認為想維持良好心態，最好的辦法就是獲得別人的認可，多多益善。因為旁人的喝采跟讚美，能預防自己潛在的心理問題發生[71]。

即使不是自戀者，自我貶低的人也容易受傷。脆弱的人往往易怒，所以「每個憤怒的背後，都藏著一個受傷的人」這句話很有道理。

因此，當你生氣時，不妨審視自己的內心，想想自己為什麼會生氣。你認為自己是被別人說的話所刺傷，但真正讓你受傷的，並非對方無意的一句話，而是你的自戀心理讓你感到受傷。

09 希望自己被另眼看待

有時做出虛張聲勢或是貶低人行為的人，其實也是受了傷的人。

他們貶低對方的目的是證明自己很了不起，倒不是被貶低的人有什麼大問題，但我們卻會被這種為了自抬身價所說的話而刺傷。

《聖經》說過：「喜樂的心乃是良藥，憂傷的靈使骨枯乾。」受傷的靈魂只會帶給雙方不幸。

容易受傷的人也很易怒，一下憤怒、一下憂鬱的他們，情緒很不穩定。

此外，他們老是擔心自己會受傷，所以總會擺出盛氣凌人的態度，生怕自己被瞧不起。由於他們害怕受傷，所以活得戰戰兢兢，絲毫不敢鬆懈，也將他人視為持續性的威脅。

儘管別人沒有輕視他們的意思，但他們依然覺得自己不受尊重，並為此感到憤怒和沮喪。他們無時無刻都在要求他人，認為別人應該按照自己想要的方式對待自己。

在人際關係中，他們會把「捍衛自尊」當成第一優先要事，其次才是與人交心，所以他們很難跟人真正打成一片。比起與人真心交流，他們更在意是否受人尊重。

他們容易受傷，也缺乏同理心。他們沒有心力為他人著想。他們只關心如何不讓自己受傷，所以他們待人很不真誠，只在意別人怎麼對待自己，無暇顧及他人的感受。

面對病態自戀者，即使用一視同仁的態度對待他們，他們依然會感到受傷，對一切都不滿意，因為他們渴望自己能獲得特殊待遇。

一般人被一視同仁的對待，也不會覺得有什麼。然而心理障礙越多的人，內心越是敏感脆弱。他們只能透過扮演受害者的角色來保護自己的自我價值。

想要有顆不容易受傷的心，就得學會獨立。

無論是迎合他人來求自保的人，還是盲從權威的人，都有著脆弱又敏感的心。其實，最不容易受傷的人是相信自己的人。當你試圖透過依附權威或是依靠他人的善意保護自己時，反而會搞得自己遍體鱗傷。因為別人無心的言行舉止，都會影響到自我價值。被接納就會感到安心，被拒絕則會感到難過。情緒完全被他人所牽動著。

相信自己的人，即使被他人拒絕也不會受傷，內心也絲毫不受動搖。別人的接納與否，也不會對他們的自我價值造成任何影響。

當你試圖依靠他人的善意來保護自己時，他人的接納會提高他們的自我價值和安心感。對相信自己的人來說，要提高自我價值不需要仰賴被他人接納。因為他們相信自己，會給自己安全感，所以沒必要去看人臉色。由於他們信任自己，所以無論他人的態度如何，都不會影響自己的安全感。

依賴他人的善意來保護自己的人，是缺乏安全感的人。他人的善意是他們的定心丸，如果得不到，他們就會陷入憤怒跟沮喪。假如他們沒得到期望的善意，就會怒火中燒。如果無法向對方發火，他們就會變得鬱鬱寡歡。結果導致透過他人善意保護自己的人，通常成天愁眉苦臉又焦躁不安。

也就是說，這些害怕受傷的人往往更容易感到受傷。

10

對自己不滿的獨裁者

我的廣播節目《電話人生諮詢》中，不乏丈夫動不動就生氣，還對妻子拳打腳踢的案例，也有丈夫嫌妻子開車技術差，越看越氣就真的動手，甚至還對妻子說：「你簡直不配活著。」

其實丈夫真正嫌棄的不是妻子，而是自己。妻子只是觸發了丈夫自我嫌棄的情緒。這就是我屢次提到的「外化」，也就是將內心的願望化為現實，將內心體驗視為外在經歷。

還有些父母很容易對孩子發脾氣。指導孩子功課時，會因為數學算錯而厲聲責罵孩子，甚至一怒之下實施體罰，像是把孩子關進壁櫥、痛揍一頓等。諸如此類的情況，實際上是父母對自己沒辦法教好孩子這點，在生自己的氣，並遷怒到孩子身上。孩子的行為只不過是觸發父母怒氣的導火線而已。

然而，比起憤怒，還有一種更複雜的心理狀態，就是鬱悶。鬱悶的人無法直接表達內心的攻擊性，他們害怕被討厭、被拋棄和起衝突，又或者有「不應該攻擊別人」的道德意識。所以他們總是在生氣，卻又無法好好表達，只能在內心生悶氣，造成了他們揮之不去的鬱悶感。

如果一個人對自己足夠滿意，就不會老是在生氣，更不會鬱鬱寡歡。那些動不動就爆氣的人，正因為真實自我和理想自我存在著讓他難以忍受的差距，他們只好把對真實自我的憤怒，發洩到他人身上。除了憤怒，他們還會表現出不滿，憤怒和不滿很相似，都是一種投射。但對自己不滿的人，往往意識不到這點，導致這股不滿轉向他人。有些家暴案例顯示，丈夫會將對自己的不滿轉移到妻子身上，進而對妻子挑三揀四。

事實上，我們會在與他人的關係之中，外化自身內在的矛盾性。

11

自戀是「自欺欺人的愛」

自戀二字，乍看下很像在說「對自己的愛」，但其實這是天大的誤會，自戀者愛的並非是真實自我，而是「別人眼中的自己」，因此用「自欺欺人的愛」來形容會更為貼切。

自戀（Narcissism）的英文，源自著名的希臘神話中納西瑟斯（Narcissus）的故事。納西瑟斯愛上的不是自己，而是他水中的倒影，令他沉醉其中的並非是現實的自己。所以將自戀理解成自我陶醉是一種誤解，正確來說是種「假性陶醉」，或是「假性自我迷戀」。

納西瑟斯的水中倒影，其實意味著第三者的看法。換言之，自戀者只聚焦在自己在他人內心的形象，還有他人對自己的想法，並非是自發性的愛自己。

根據亞伯拉罕・哈羅德・馬斯洛（Abraham Harold Maslow）的說法，自戀者把重心放在別人身上，無法自我控制，所以抗壓性很低。

如果你很關心真實自我，就會放手去做自己能力所及的事，並設法靈活運用自己的潛力，然後付諸實行。唯有將重心放在「真實自我」，方能達到自我實現。

然而，對自戀者來說，他們沒有發揮真實自我的動機，也沒心思去自我實現，因此他們只能自我陶醉，最終迷失自我，也找不到自我認同。

曾經有位丈夫找我諮詢，抱怨妻子只重視娘家不顧婆家。

這位諮詢者有著典型的自戀型人格特徵。首先，自私的自戀者沒有同理他人的能力，所以他們理所當然地認為婆家跟娘家，妻子只能二選一。

儘管我向他解釋：「不愛自己父母的人，也無法去愛別人的父母。」但他還是無法理解。這反映了心理學的基本原則：不善待自己的人，也不會善待他人。事實上，**自我接納程度越高的人，也就越能接納他人**。如果你對自己和他人都漠不關心，自然也難以解決人生的種種問題。

然而，即使我試圖向他解釋，這些自戀者也聽不進去，有人會開始發脾氣，也不乏氣到掛電話的人。

這些人都是堅持「錯不在我」的人。堅持己見是精神官能症患者的表現，所以也無法指望他透過典範轉移（Paradigm Shift）和正念練習（Mindfulness）等方式，站在妻子的角度進行換位思考。

佛洛姆指出：「愛別人，就是專注愛自己的能力[72]。」重視工作和重視父母本質上並不衝突，認為兩者只能二選一的人，其實不是孝順，而是有戀母情結。

自戀者就好比那些邊喝酒邊感嘆人生短暫的人，他們會自憐自艾地說：「看看我的手，都變粗糙了。」自我陶醉不已。

但自我陶醉的人很難與他人建立親密關係。自戀者無法成為稱職的父母，比起哭泣的孩子，他們只會關注自己受傷的情況。

順帶一提，強烈自戀者會對自己的身體擁有超乎尋常的關注，甚至到了百看不厭的地步，他們心心念念惦記著自己的健康。那份害怕生病、對健康的執著，也是一種自戀的狂熱吧。

俗話說：「百善孝為先。」過去的傳統文化之所以衰退，原因大概就在於自戀的情形越來越普遍了吧。現代人有各種心理問題，其核心概念就是自戀，同時它也是現代社會的諸多問題之源。

自我接納程度越高的人，

也就越能接納他人。

12．過度自戀會缺乏共情能力

提到自戀，大家多半會認為是「自我陶醉」，而不曾去細細思考它的定義。雖然自戀的定義有很多種，但本質上自戀是種「缺乏自我認知、精神失調和缺少共情能力」的綜合症候群[73]。

簡而言之，自戀包含了各種阻礙心理成長的要素，而且最重要的是，**自戀者缺乏共情能力**。

自戀型人格大多符合以下特徵：浮誇的自我形象、堅信自己獨一無二、容易在關係中剝削他人、缺乏對他人的同理心、態度傲慢等[74]。假如別人不認同自己，他們就會勃然大怒。

當缺乏共情能力的自戀者成為父母，很可能會危害下一代。研究表明，家庭暴力會代代相傳，形成惡性循環，其主因在於養育者缺乏共情能力[75]。

奧地利精神分析師海因茨・寇哈特（Heinz Kohut）認為，自戀者憤怒的原因，是自己未能成為至高無上的存在。心理健康的人擁有穩定的自我形象，不會因為自我價值被剝奪感到憤怒[74]。從這點來看，近年來社會上各種極端暴力案件，很多都可以視為自尊心受創後，被憤怒沖昏頭的結果。

自戀者渴求他人的讚美，卻對別人的意見置若罔聞[76]。不過，與其說置若罔聞，不如說是毫不在乎。他們過度渴望獲得他人的讚美，導致無法將一絲注意力分給他人。就像當你飢腸轆轆時，儘管外頭風景再美，想必你也無心欣賞；當你急著去廁所時，就算眼前出現了一杯香濃的咖啡，你也無心享用。

總之，自戀者對於他人不感興趣，自然也不會把別人的意見放在心上。他們對他人漠不關心，也沒有關心他人的能力。其實，他們並非對他人完全不感興趣，而是眼前有更緊急的問題需要解決——自己。

13

在意身體健康也是自戀的表現

佛洛姆認為無論是肉體還是精神層面上，消極型自戀者都患有慮病症。所謂慮病症，就是過度在意自己的健康狀況，明明沒病卻感覺自己罹患重病。此外，還有道德慮病症，也就是異常關注道德問題的心理狀態。

佛洛姆舉了個例子來說明：某位女性相當在意自己的身體狀況，但她不是出於容貌焦慮，而是害怕生病。不只女性，男性也可能有慮病症。由於擔心生病，過度關注自己的健康狀況，只要覺得身體稍有不對勁，就會大驚小怪。懼怕得病的他們，時刻關注自己的身體狀況[77]。這些自戀者不關心外界世界，因為他們光是關注自身身體的細微變化，就夠忙了，一點風吹草動就大驚小怪。

自戀者認為這個世界上只有自己最重要。不只是健康，他們也喜歡小題大作，將雞毛蒜皮的小事弄得滿城風雨，過著戲劇化的生活。

除此之外，佛洛姆還提到道德慮病症。先前提到慮病症是針對身體層面，包含睡前躺在床上，在腦中不斷對自己開直播，像是「啊～我快睡著了」的人。也有研究顯示，有失眠和性功能障礙困擾的人，都有過度關注自己身心健康的傾向。

至於道德慮病症，就是時刻擔心自己是否犯錯[78]。

一名年輕人曾找我傾訴煩惱，他說大學聯考時，坐在自己隔壁的考生落榜了。他很擔心是因為自己的緣故。因為他在聯考那天曾跟對方閒聊，並提到自己是名校的學生，他很擔心是否無意間給對方造成了精神壓力。

雖然已經過了許多年，但他始終都在擔心自己當年是否害別人落榜。

看在他人眼中，這位年輕人似乎心地善良、道德感強烈又很關心他人。但實際上，「這種人關心的只有自己，還有別人眼中的自己是否善良，他人又會如何評價自己而已[78]。」

這類偽善者看似善良，其實並非如此，他們只是害怕自己犯錯。也就是說，他們的自我保護意識太過強烈，才會如此戒慎恐懼。

我能夠這麼斬釘截鐵的說，在於那位年輕人在我必須結束會談去上課時，居然霸道地擋住我的去路，不讓我離開研究室。這就是證據。這類人只覺得自己的煩惱是真實的，而我跟其他等上課的學生們則「不存在」。我想一旦社會失去秩序，帶頭幹壞事想必就是這群偽善者吧。

道德慮病症患者壓根不關心外界，雖然與前述案例有點不同，但我認為他們缺乏共情能力這點，跟自戀者有著異曲同工之妙。

14

對自己的外在形象很敏感

佛洛姆提到「偽善者始終都在擔心自己會犯錯」，但其實他們在害怕犯錯的同時，犯錯的慾望也在蠢蠢欲動。

舉例來說，小學時考試成績不如預期，我們的內心可能會興起「學校乾脆燒掉算了」的邪念。儘管討厭也害怕犯錯，卻又矛盾地希望邪念成真，同時也懼怕自己會輸給內心的邪念，當真跑去學校縱火。

換句話說，偽善者對外界缺乏興趣，唯有自己的肉體和心理都安全，他們才會感到安全。

他們表面上看起來善良，但不是真的出於關心他人，而只是一種自我保護。若是他們不經常宣揚善良，就不能保持自己的良善。若是他們不經常高喊善良，就會感到不安和寂寞。

而偽善者宣揚善良的目的，是為了鄙視不善良的人。然而事實上，他們才是最想做壞事的人，外表看似善良，內心卻充滿虛偽和惡意。

我舉個例子，有個小孩很想吃糖果，卻被家人告誡不能吃。某天他去鄰居家玩，別人拿糖果招待他，他雖然很想吃，但嘴上回絕，還對那位好心招待他的鄰居擺出不屑一顧的態度。

再打個比方，有些媽媽經常高談闊論孩子的營養，卻讓孩子過著最不健康的生活。還有某些人經常會說：「不犯法就行了吧。」雖然他們表面上符合社會道德規範，其實是透過「只要自己沒犯法，大家就沒話說了」的態度在反抗道德規範。

他們對他人、運動、學習或其他事物都沒興趣，只關注「旁人對自己有什麼看法」。假設他們能將注意力分散到其他事物上，像是大自然的美麗、別人的穿搭品味、古典音樂、外語學習、爬樹、玩電腦、跑步、玩撲克牌、游泳、旅行……也不至於有這麼多煩惱。無論是音樂還是風景，他們一概都不感興趣，只在乎自己在別人心目中是否善良。**對偽善型自戀者來說，別人眼中的自我形象是唯一有意義的事。**

佛洛姆也說，這是自戀者用以偽裝的障眼法，讓人難以辨識出來，事實也確實是如此。

第5章

自戀者的精神構造

01 什麼是消極型自戀？

若是想剖析自戀者的精神構造，就有必要再深入探討一下何謂自戀型人格。

如前所述，自戀型人格有兩種，其共通點包含了「孤獨和恐懼」。

此外，佛洛姆還補充解釋了「消極型自戀」的心理。他說，消極型自戀的主要特徵在於「鬱鬱寡歡、不滿足、不切實際和自虐情緒[78]」。

陷入憂鬱的人，確實會表現出莫名的自卑心態。這類人容易迷失自我，缺乏對生活的熱情，覺得生無可戀。極度自卑的人甚至會自我厭惡至極，覺得自己是卑鄙、自私、討厭的傢伙。在周遭的人看來，他們只是消極了點，沒有那麼嚴重，但他們卻會把自己貶得一文不值。另一方面，他們是為了炫耀自己高尚的道德標準，試圖透過自我貶低恢復自我價值。換句話說，隱藏在自我貶低下的潛台詞是「我的道德情操是如此高尚，太優秀了」，這是另一種自戀心態。

事實上，憂鬱症患者「都是我的錯」的自責情緒，是一種反向的自戀，也就是消極型自戀。將一切過錯歸咎在自己身上，也是消極型自戀的特徵。

簡單來說，自戀是種缺少自信為後盾的「自我陶醉」，所以出現憂鬱傾向時，自我陶醉就會快速變成自我貶低。

我們招待客人時，往往會謙虛的說：「粗茶淡飯，招待不周，還請見諒。」但看不見自我價值的人，卻會懷疑客人真的認為自己招待不周。

不光是招待客人，他們在很多事情上也會有比較心態，例如「別人家的孩子都考一百分」、「姑姑的兒子最近買房了」等，總是覺得別人的兒女更優秀。

02

自以為是的好人

最值得注意的是，這類自戀者會堅信自己是好人。

在外界看來，他們似乎體貼入微、滿口仁義道德，但其實他們只關心自己的形象、自己的道德標準或他人對自己的評價[78]。

佛洛姆認為**自戀者的共同點，就是對外界缺乏興趣**。由於他們從不關心他人，所以也不曉得怎麼獲得他人認同。他們就像是蜷縮在角落，哭訴著大家都不善良、不道德的人，然而他們光顧著沉浸在悲傷中，壓根沒有心思去關注外界。我將這類人稱作「良心主義者」，這個詞的靈感來自「愛國主義者」。

二戰時期，納粹主義黨徒表面高喊著「為了國家、日耳曼民族」的口號，實際上根本不關心國家，也沒真心在為德國著想。雖然他們經常高喊愛國，但內心卻是一片荒蕪，所以必須將「良心、正義和國家」等詞彙掛在嘴邊，來填補內心的寂寞跟空虛感。

一個內心感到滿足的人，才能自然而然的去關注外界。而「良心主義者」和「愛國主義者」的本質，都是既孤獨又不滿足。當然，自戀型人格中還有很多不同主義者，例如「教養主義者」。

正如前文所述，所謂消極型自戀的心理，他們會過分貶低自己及相關的一切事務，是種反向的自戀表現，像是「因為是我煮的，所以不好吃」這種想法，就是典型的消極型自戀。他們扭曲理性判斷這點，與積極型自戀者如出一轍。

自認「因為是我煮的，所以不好吃」的消極型自戀，與自認「因為是我煮的，所以絕對好吃」的積極型自戀，其實是一體兩面，因為自戀本身就是種會高估及低估自己的矛盾人格。

我認為消極型自戀心理源自認為自己靠不住的不安全感。當我們對自己沒有安全感，就會感到不安，因此容易陷入消極型自戀心理。

總而言之，他們跟自戀型人格一樣只關注自己，只是消極型自戀者呈現的方式為迎合他人。

03 對稱讚和批評都過度敏感

自戀型人格分成兩種類型，不只是前文提及的專家，其他學者也提出了類似的觀點[79]。

自戀者往往會尋求他人的讚美，渴望他人稱讚自己，其特徵在於他們是「被動」地尋求讚美[76]。這點呼應了佛洛姆所說「謙虛背後隱藏著傲慢」的理論。這種自戀者不會公然炫耀自己的優越和才華，而是會不著痕跡地偷偷尋求讚美。他們是更難纏的自戀者，相比之下，可能跟自吹自擂的顯性自戀者相處還比較輕鬆。

這類人也被稱為「隱性自戀」，過分謙虛的他們，其實想透過自我貶低來博得他人的讚美。嘴上說著「沒什麼，這很簡單」，一邊卻期待對方說出：「你太謙虛了，明明就很厲害。」又或者他們嘴上說：「像我這種無名小卒。」但潛台詞卻是「你一定要尊重我、重視我。」而且他們都會努力促成這個結果。

身心處病症裡隱藏的自戀，跟虛榮心強所導致的自戀，其實有異曲同工之妙。他們既渴望得到他人的讚美，卻也無視他人的意見，表現出不屑一顧的冷漠[81]。他們不是單純的忽視他人，而是會明顯表現出輕蔑的態度。

我在之前多次提過，自戀者對批評很敏感，隱性自戀者更是如此[81]。最大的問題在於，他們會把不是批評的話語也視為批評。

也許是因為自戀者缺乏內在的避風港、心靈的安全屋。無論身處何處，他們都找不到自我歸屬感，內心毫無喘息的空間，無法展露真實的自我。

儘管自戀者沉溺於自我陶醉，卻找不到安心做自己的空間，所以無論身在何處，他們只能裝模作樣，隱藏真實的自己。

因此，缺乏心靈避風港的自戀者，也只能自戀地活在他人對自己的評價中吧。他們滿腦子只在乎周圍人會怎麼看自己，絞盡腦汁地想給別人留下好印象，而無暇顧及他人的感受。如果內心有安身之所，就不會對他人的評價過度敏感。

對批評過度敏感的人，可能是隱性自戀者。他們會將負面情緒內化[82]，對未來抱著悲觀的態度，所以也是悲觀主義者。他們一面塑造浮誇的自我形象，自我陶醉之餘，卻又打從心底鄙視自己，潛意識認為自己是冒牌貨。

表意識的浮誇自我形象，與潛意識中自認冒牌貨的心理之間的矛盾，即為自戀型人格的本質。消極型自戀是這種冒牌者心態的外顯表現。就像自我優越感與自卑感是一體兩面，自戀和冒牌者情結也是一樣。

無論他們的自我形象多麼浮誇、多麼自我陶醉，但潛意識裡卻又覺得這一切都是假象。這就是為什麼自戀者害怕現實。儘管他們自視甚高，卻又有種處處不如人的自卑感，把現實視為一種威脅。

我在做廣播《電話人生諮詢》時，發現表面善良、背地陰險的偽君子多不勝數。正如瑞士法學家希爾提（Carl Hilty）所說，自戀者的特質是「對外像羔羊，對內一匹狼」。他們在外會展現冒牌者情結，在家則會展現浮誇的自我形象。換句話說，他們人後是自戀者，人前就變成消極型自戀者，但兩者在本質上相同。

自戀者獲得救贖的唯一方法，就是去承認、直面跟克服潛意識裡的冒牌者情節。

自戀者獲得救贖的唯一方法，

就是去承認、直面跟克服

潛意識裡的冒牌者情結。

04 購物狂背後的心理問題

對自我陶醉的自戀者來說，即使是他人善意的提醒，也會讓他們覺得自己的存在被否定。而且他們所受到的心理創傷，遠比一般人想得還嚴重。即使是對自戀型人格有初步認識的專家，也很難想像他們內心的憤怒有多強烈且持久。

自戀者的內心充滿恐懼，雖然他們常常沉迷於自我，但依然感到惶惶不安。就算他們是別人眼中的人生勝利組，內心深處依然戒慎恐懼。當現實將內心的恐懼推向表面，使得他們無法再自我陶醉時，問題就會浮現。

因此對自戀者來說，全世界都是自己的敵人，周遭風聲鶴唳、草木皆兵，因此他們會主動採取攻勢，企圖先下手為強。

佛洛姆認為自戀的代價就是「孤獨和恐懼」。有些人會把自己打扮光鮮亮麗或購買奢侈品，來逃避孤獨和恐懼。這些自戀者會把時間和精力大量投入到外表的經營上，這是因為「如果把自己視為物品，就不會感到孤獨」[83]。現代社會中，那些瘋狂追求名牌的人，內心往往自戀又孤獨，他們只有穿上名牌才能自我陶醉，感覺自己優秀又高人一等。

為了保護這種自我形象，避免自尊心受傷，他們會極度珍視這些名牌奢侈品。此外，他們會物以類聚、稱讚彼此，來滿足自己的自戀心態。這種互戴高帽的愚蠢行為，是心靈貧瘠之人用來提高自我價值的投機行為，也是佛洛姆口中的「愚蠢交流」。他們雖然互相吹捧，卻各自打從心底鄙視自己。他們既看不見對方的這種心態，也渾然不覺自己有這種心態。

雖然在孩子成長期間，父母需要適時稱讚年幼的孩子，然而，隨著年齡漸長，只有心靈貧瘠的成年人，才需要繼續這麼做。

成年人互相吹捧的用意，並非是出自對對方的喜歡和重視。而這類人的社交圈往往是種相愛相殺的關係，雖然彼此厭惡，卻誤以為和對方親密友好。

最典型的案例就是宗教團體，其他還有像是俗不可耐的豪門世家、愛慕虛榮的閨蜜群，還有因為自卑感作祟而成群結黨的不良少年集團、因焦慮而抱團取暖的小圈圈等形形色色招人反感的奇怪團體。總結來說，這些團體都是透過負面情緒作為情感羈絆而組成的人際關係。

現代人的拜金及物質主義都是自戀的表現，即使環遊世界多少次，他們內心的世界依然狹隘。對身材、髮型、服裝等門面異常關注的人也是如此，比起日復一日地透過自身努力達成目標，能夠定期上醫美診所，更讓他們自我陶醉。

自戀者是不願努力的一群人，而如今正是自戀世代當道。

05

為何他們對批評如此敏感？

自戀者表面上看似享受自我陶醉的生活，但實際上他們害怕生活。先不論他們是否意識到這份恐懼，多數情況下，他們也會壓抑這份恐懼。

正如佛洛姆所說，「自我陶醉的代價是孤獨和恐懼。」說得更淺白點，自私自利的人往往飽受孤獨和恐懼的折磨。

雖然自戀者沉迷於自我陶醉，但其實像隻驚弓之鳥，打從心底懼怕外界。讚美以外的話語，在他們耳裡聽起來都是批評。透過外化解釋現實的人，內心都充滿著恐懼，因為這意味他們會把內心的感受當成外在的現實。

目中無人、自私自利的自戀者，總是隨心所欲又為所欲為，是旁人眼中的頭痛人物。但出乎意料的是，他們的內心卻飽受孤獨和恐懼的煎熬，相由心生，這點從外表就能看出端倪。

在外人看來，他們的生活並不特別辛苦，卻老得特別快；儘管沒什麼壓力，卻會因為內心的壓力未老先衰。

受孤獨和恐懼折磨的他們，覺得周遭都是敵人。他們無法信任旁人的好意，只會先下手為強的不斷攻擊其他人，試圖取得優勢。由於見不得別人好，所以他們也經常背地裡說人閒話，甚至散播不實謠言來搞垮那些比自己優秀的人。

自戀者的內在與世隔絕，所以孑然一身，經常感到孤獨，也容易大驚小怪[84]。當然，他們沒有意識到自己孤獨，也意識不到自己無法與他人有真正的心靈交流。也就是說，他們已經孤獨到深陷孤獨而不自知。

由於自我陶醉的表現就是欠缺對他人的關心，在這個前提下，會孤獨也是正常的結果。雖然他們身邊有家人，卻不跟家人交心。有時候，他們表面上看起來很有魅力，完全不像被孤立的人，但事實上他們的內心卻很孤獨。

06 開高走低的第一印象

某份關於自戀型人格的研究顯示，自戀者起初都很受歡迎，但相處久了，人們就會開始對他們失去信任。起初，大家看到他們對團隊做出的貢獻，會給予極高的評價，但在七週後，正面評價就會消失殆盡[85]。

結論是：「雖然自戀者最初會受到高度評價，卻缺乏持續性。」

另一項調查也出現相同的結果，自戀者起初獲得普遍好評，但最終評價卻會變成「冷漠、傲慢、自視過高和充滿敵意」。

俗話說的好：「路遙知馬力，日久見人心。」前面提到，自我陶醉的代價是孤獨和恐懼，最終就會轉為抑鬱。抑鬱是一種讓人感到走投無路和無能為力，讓人生不如死的心理狀態。

奧地利精神科醫生W．貝蘭．沃爾夫曾說：「現實是人類的夥伴。」但對自戀者來說，現實是他們的敵人，是帶有威脅性的存在。自我陶醉必須付出慘痛的代價。

著名心理學家奧爾波特在《偏見的本質》（*The Nature of Prejudice*）一書中，引用了佛洛依德（Sigmund Freud）的話：

對於被迫與陌生人共事，明顯表現出排斥和厭惡，我們可以認為這是自戀的表現[86]。

自戀者具有排他性，他們既不想了解他人，也排斥異己。對自戀者來說，只有自己的現實才是現實，別人的現實根本不存在。

因此，我認為日本人之所以熱衷提倡全球化，是因為內心也很排外的緣故。因為日本人很自戀，所以對未知事物會明顯流露出反感和厭惡，甚至對此心懷恐懼。但他們壓抑著對未知的恐懼，並在這股恐懼形成的反作用力驅使下，開始狂熱地鼓吹像是「全球化」或「大變革時代」等理念。

人是否能在成長過程中克服自戀心理，會嚴重影響到他日後所面臨的人生課題。對自戀者來說，人生充滿萬千煩惱，但在普通人眼中，他們只是在自尋煩惱。

事實上，自戀者的生活與常人無異，但兩者的日常壓力卻是天差地別。自戀者總是用受害者情結面對世界，常常被周遭的人事物搞得遍體鱗傷。而那些成功擺脫自戀心理的人，完全無法理解他們為什麼總是如此煩惱。

自戀心理確實會讓人自尋煩惱，所以當務之急，就是去看見自己的自戀心理。只要發現萬千煩惱源於自戀，就能邁出解決問題的第一步。

儘管諸多學者們的看法不一，但普遍認為自戀是人類的天性，只是有部分的幸運兒由於健康的親子關係，解決了這個問題。

但不幸的是，如果母親的心理有問題，孩子成年後依然會有自戀的問題，成為有神經質傾向的自戀者[87]。極端神經質的自戀者，無時無刻都需要讚美，否則就會感到焦躁不安。

順帶一提，佛洛姆將自戀分成「良性自戀」跟「惡性自戀」[87]。

良性自戀的主要對象是工作，這類人之所以排他，是為了專注在自己的工作上。佛洛姆認為他們會為了個人成就，不得不與現實社會保持聯繫，因此他們會在工作與現實之間取得平衡。例如有位自戀者是廚師，只要有人稱讚他煮的菜好吃，他就不會與現實脫節。

惡性自戀的主要對象是迷戀自己擁有的一切，像外貌等、家世、身材、財富等，這些不需要與人產生關連的特質變成了自戀的焦點。當一個人沉醉於自己的外貌，就算不與任何人產生關聯，依然可以持續自戀。既然沒必要與現實產生關聯，會感到孤立也不足為奇。

惡性自戀會無條件地愛自己，所以不需要付出任何努力。佛洛姆認為自戀者為了獲得榮耀，不得不將自己孤立起來[88]。這種榮耀和孤立，正好符合卡倫·荷妮提出的精神官能症的病徵。

無論稱之為精神官能症還是自戀，只要陷入榮耀與孤立的狀態，就代表存在著很嚴重的心理問題。當然，真正的天才另當別論，這裡討論的對象是普羅大眾。

所以當一個人說出「沒人懂得欣賞我的廚藝」時，代表他已經陷入了惡性自戀，與現實脫節了。

07

比起真實自我，更關注自己的形象

讀到此處，相信很多人都發覺自戀的正確翻譯是「自欺欺人的自愛」。與他們對「他人眼中的自我形象」很感興趣，卻對真實的自己興趣缺缺。與人聊天時，除了愛講別人的壞話，他們只對跟自己有關的話題感興趣。

自戀者的生存意義，在於不斷對自己說「你很棒！」從小缺乏肯定的自戀者，把原本希望他人給予的肯定，變成了自我讚美，畢竟自吹自擂比受人吹捧要來的簡單許多。但自戀者卻忘了身為人最重要的事情。

此外，自戀經常被解釋為「只關心自己」，但這個解釋還有待商榷。

實際上，自戀者對現實中的自己不感興趣，他們在乎的是自己的幻影，並非實像。他們就像希臘神話中的納西瑟斯，迷戀著自己的湖中倒影。對自戀者來說，他人的心靈就是「倒映納西瑟斯的湖面」，他們只關心自己在別人心目中的形象。

總而言之，他們並非對現實的自己感興趣，只在乎旁人對自己的看法。

有人說現代人或多或少都有自戀情結。自戀者看到孩童的可愛臉龐也無動無衷，只看著鏡中的自己出神。他們可以滔滔不絕、不厭其煩地談論自己，卻對他人的話題很快就厭倦。無論是對人、寵物、料理、數學、音樂等所有外界事物都漠不關心。他們只關心自己的形象。儘管他們的生活過得渾渾噩噩，可談起跟自己有關的話題，他們就會湧現源源不絕的精力，聊到欲罷不能。

面對打掃房間、下廚煮飯等日常生活，他們毫無興趣。自戀者討厭努力，只在乎自己的形象。為什麼他們會活得像一攤爛泥呢？因為他們與別人沒有真正的連結，無法激發生活的動力。

如果他們能關注現實的自己，便會產生自我實現的動力，能夠放手去做任何事，也會將重心轉移到如何探索並激發自己的潛能。

幸福的人不會一直照鏡子，也不會沉迷於自己水中的倒影。因為自戀者內心空虛，得不到滿足，所以他們才會沉迷於攬鏡自照，樂此不疲地孤芳自賞。

08
人生就是一齣演不完的戲

待人真心的人會看見他人的美好。由內而外散發能量的人，即使攬鏡自照，也不會沉迷於自我陶醉。

你可以將自戀者想像成只喜歡自拍，卻從不拍別人的照片和風景照的人。因為他們對自己以外的人事物一點興趣也沒有。

自戀者只對自己的倒影感興趣，對現實中的自己漠不關心，也不在乎自己的潛力是否展現。他們就像希臘神話中迷戀水中倒影的納西瑟斯，只關心別人心中的自己，也就是「自己在他人心中的印象」。簡單地說，自戀者只在意別人對自己的看法。因此，自戀者就算用的是山寨名牌包，只要能得到他人的肯定，他們就會心滿意足。

那些能自我實現的人，不會為了炫耀而購買山寨名牌，甚至還有自創品牌的能力，也能享受創作的過程。因為他們深諳創作的樂趣，也懂得靈活運用自己的能力和天賦實現自我。這是買山寨名牌貨而沾沾自喜的自戀者沒有的能力。

雖說「別人心目中的自己」與現實中「別人對自己的看法」是兩碼子事，但自戀者卻會自行腦補別人對自己的看法，一廂情願地認為那就是「別人心目中的自己」。儘管有時候別人覺得他很愚蠢，但他依然覺得自己聰明過人。在各行各業中，存在著很多裝腔作勢的人，像愛擺高姿態的作家、藝術家和學者，這種裝模作樣就是典型的自戀者。

對自戀者來說，人生就是一齣演不完的戲。但人們對自戀者表演的評價，往往不如他們預期，所以他們感到很受傷，這就是為何自戀和受害者情結有著密不可分的關係。如前所述，自戀是受害者情結和悲觀主義的根源。

有句瑞士諺語說：「拿著大菜刀的人，未必是厲害的廚師。」如果套用在自戀者身上，那就是他們對烹飪沒興趣，只對擁有大菜刀很有興趣。自戀者並不想變得幸福，他們只想**被別人認為**很幸福；他們也不想成為優秀的人，只想**被別人認為**自己很優秀；他們也不想樂於助人，只想**被別人認為**自己很樂於助人。

有時我們會遇到那些過度熱心的人，這些人就是自戀者。儘管他們對人不感興趣，缺乏真正的好奇，卻會因為想被人認為熱心和親切，在不知不覺中表現過頭。

09

現代社會催生出自戀世代

自戀者對他人漠不關心，與不負責任有緊密的關聯[89]。此外，冷漠和不負責任也跟「缺乏勇氣」有關。

所謂的缺乏勇氣，就是不敢面對人生課題，換句話說就是選擇逃避，把責任推到別人身上。這種缺乏勇氣的人生態度，是社會問題層出不窮的癥結所在。

無論如何，這種推卸責任的行為，與他們不關心別人這點息息相關。

自戀型父母不關心孩子，所以對孩子沒有責任感；既然他們對孩子沒有責任感，自然也對孩子漠不關心，久而久之就形成一種惡性循環。

現代很多不負責任的父母，主因可能就在於自戀。當父母處於對孩子不感興趣的心理狀態下，再怎麼苦勸他們要負起為人父母的責任，也是白費唇舌。

如今的社會是一個不負責任的社會，這是因為大家都成了自戀者。從這個意義上來說，「玻璃心」這個詞之所以誕生，自戀的問題越來越受到關注，都是其來有自。

有關日常生活中的健康自戀表現，佛洛姆舉了幾個例子。首先，自戀情結通常會展現在對自己身體的態度上。假如是對自己的身材跟臉蛋滿意的人，問他：「你會想換一副更好的身材和臉蛋嗎？」他們通常會拒絕。也就是說，健康的自戀在於一個人接受自己原本的模樣，並對換成別人的模樣會產生排斥心態，就好比看到別人的排泄物會心生厭惡，對自己的卻沒這麼反感[90]。

其次，一般人難免也有認知偏差，多少認為「自己的現實才是唯一的現實」。但強烈自戀者根本無法接受對方不愛自己，在談戀愛時尤其明顯，因為自戀者無法理解自己與他人之間的認知差異。

一般來說，自戀者不會認真聽人講話，對他人也不是真正的關心[91]。自戀者看似在聽，但實際上「沒有在聽」這點很難讓人想像。如果我們沒在聽別人講話，通常也無法做出回應。但自戀者厲害的地方在於，他們即使一個字都沒聽進去，卻還是能有問有答，所以一般人很難想像他們表面上在聽自己講話，實際上卻是左耳進右耳出。我們必須理解這點，才能認清自戀者的本質。

與自戀者交談時，我們會把他們敷衍的回應誤以為是同意或認同，所以會對他們出爾反爾的行徑感到訝異。

自戀者往往會下意識地給予承諾，他們只在意對方是否認同自己，或是對方的反應是否如自己預期。他們對他人的評價極度敏感，佛洛姆稱之為這是種「病態利他主義」，是自戀的心理防衛機制。

舉例來說，有些看似偉大無私的父母，會不停跟孩子強調「只要你能幸福就好」，為何最終卻還是養出彼得潘症候群或脆弱型自戀者的孩子呢？因為這些爸媽其實都是不折不扣的自戀狂，根本不關心自己的小孩，只在意自己是否符合他人眼中的好父母形象。

基於自戀的心理防衛機制，導致他們必須彰顯自己是好父母的證明，展現自己無私的一面，更會不擇手段地以愛為名，行虐待之實，導致他們的孩子心理無法健康成長，最終成了有各種心理問題的自戀者。

10

總是感到不滿足

提到自戀者，社會普遍的評價就是自我陶醉，只關心鏡中的自己。「對她而言，唯一重要的現實，就是自己的身體[92]。」自戀者會因為別人的反應不如自己預期，而感到受傷跟憤怒。他們覺得事事都要順著自己的心意去走，無法忍受出乎意料的變化。所以自戀者始終都覺得自己是受害者。

人們對自戀者的評價多半是「自私又任性，一點小事不順心就會生氣」，這是很典型的自戀者形象。如果得不到自己想要的讚美，他們就會勃然大怒，或是不爽在心頭。而且自戀者會迷戀與自己相關的一切事物，有形的像是外表、自我形象、成就或業績、財產等，無形的像是家庭關係、才智、觀念、興趣等，他們對自己擁有的事物相當執著。

再舉一個例子，儘管愛國情操是種美德，但自戀者卻會把自己對國家的痴迷誤認為愛國情操，很容易走火入魔。因為在自戀者的認知中，某樣東西之所以有價值，是因為它是自己的所有物。所以別人對自己國家的看法，對自戀者來說至關重要，「我的國家＝我」。這就是為什麼他們會成為極端愛國主義者。

雖然自戀者的類型有百百款，但共同點都是對他人漠不關心、目中無人、總是對自己的現況感到不滿。他們認為自己理應被提拔成部長、業績足以勝任課長、得獎的人應該是自己，或堅信自己的書理應暢銷等等，但事實卻不盡然。

自戀者的人格核心充斥著諸如此類的不滿足感，所以他們終其一生都在尋求大量的讚美，還有一般人不會奢望擁有的巨大財富。他們誤以為這些外在的獎勵能消除存在於他們人格核心的匱乏感，這樣的錯覺讓他們最終誤入歧途。

即使他們真的取得某些成就，依然對現況感到不滿足。一般人會懂得知足常樂，但自戀者依然貪得無厭。他們人生的不順遂，是因為始終在追逐超乎自己能力範圍的成功和稱讚。結論就是，**心理無法成長的成年人，就是自戀者**，也是心理存在各種問題、情緒容易過於敏感的一群人。

儘管他們試圖用世俗上的成功來彌補心靈上的失敗，但終究只是徒勞無功，因為心靈層面的不滿足，無法透過這種方式來彌補。而且自我陶醉又目中無人的自戀者，無法理解如今自己所處的位置，其實是仰賴許多人的善意和支持。

11．不懂人情世故而容易受傷

我想用一個伊索寓言風格的故事，來說明看不見他人存在、只活在自己世界的恐怖感。

森林中有一隻松鼠，每天都會為自己居住的樹木施肥，並餵食會為他預警危險的烏鴉。這是牠每天的例行公事，做完以後才會去找果實。

某天，松鼠找到一棵結實纍纍的樹。牠想到如果把果實分送給同伴，自己肯定會大受歡迎。於是牠開始將果實送給同伴，並享受自己對別人好的感覺，也因此荒廢掉了每日工作。但是不久後，那棵結實纍纍的樹枯死了，原本聚集在他周圍的同伴們，見狀後也各自鳥獸散。

當松鼠回到自己的巢穴後，發現自己住的樹也枯死了。無家可歸的牠當晚只能睡在野地上，牠滿心想著「如果能再找到一棵結滿很多果實的樹就好了」，便進入了夢鄉。因為平時有為牠注意危險的烏鴉，放鬆警惕的松鼠渾然不覺有匹狼正在靠近，發現以後，也為時已晚了。

自戀者總認為只要自己有時間，就能見到想見的人。如果他們有同理的能力，就會想到對方也可能沒時間或有自己的事情要做。自戀者只在乎自己，所以會無視他人的情況，當他們提出邀約卻被拒絕，還會因此感到很受傷。

因為他們從不關心別人，缺乏一般人會有的同理心，也搞不清楚自己的社會定位，所以總是在受傷，總覺得自己是受害者。

如果懂得關心他人，理解對方的處境，清楚知道自己的社會定位，也會為他人著想，為人處事就會恰到好處，大大減少自己受傷和沮喪的機會。

對自戀者來說，「社會」不存在，所以也難以理解自己的社會定位。

12・即使一點小事也會暴怒

自戀者無法跟任何人建立信任關係，在他們眼中，所有人都是一樣的，他們只關心別人會不會稱讚自己，被讚美，就高興；被批評，就感到受傷，心情也會隨之起伏。

如果擁有互相信賴的關係，就不會被其他人的言行所傷害。即使有人無視或是輕視你，只要身旁還有信賴的人，就不至於遍體鱗傷。

對一般人來說，真心信賴的人的重要性，閒雜人等無法相提並論。真心信賴的人是我們的心靈支柱，可能是你的家人、伴侶或朋友等。任何人受到輕視和漠視都會不開心，但只要想到自己周遭有重要的人存在，負面情緒也會自然而然消失。

然而，如果不與任何人建立信賴關係，且沒有親疏之分，就容易讓自己被不特定多數人的態度傷害。儘管對方沒有說什麼過分的話，但自戀者依然會氣到夜不成寐，甚至在夜深人靜時越演越烈，久久不能平息。

如果我們與人的關係親疏有別，擁有值得信賴、成為自己心靈支柱的重要關係，即使閒雜人等的失禮行為令人憤怒，但不至於火冒三丈，造成內心的龐大壓力。此外，這股怒火也會隨著時間慢慢消弭，畢竟那些只是閒雜人等，對自己不重要的人。

對一般人來說，獲得真心信賴的人的認同，是種無可取代的喜悅。畢竟，「真心信賴的人」和其他人的重要性完全不同，因為我們會主動關心他人，所以才能與真心信賴的人建立真摯的關係，並在相處中產生正面的情緒。

毋庸置疑，自戀者的自我陶醉與待人冷漠有著密不可分的關係，這兩種心理也攸關內心的脆弱程度。總結來說，他們脆弱敏感、受害者情結、自我陶醉、待人冷漠，此外，還往往伴隨「不負責任」。

如之前篇章所述，對人際關係感到困擾的人的共通點，都是在人際交往中缺乏距離感。當然，這點也適用於自戀者。自戀者只會自我陶醉，毫不關心他人，所以被任何人稱讚都會獲得同樣的快樂。反過來說，這也代表沒有誰的稱讚，能成為他們生活的正面能量。任何人的稱讚看在他們眼中都一樣，「路人」的讚美也好，「家人」讚美也好，全都相等，因為他們一心只想得到他人的稱讚。

就算有人向他們表達愛意，也無法激勵他們成為更好的自己。他們會因為自己被愛著，向對方述說自己的開心，但無論是誰表達愛意，在他們眼中都一樣，自戀者只是因為「自己」被愛一事感到開心。

對於自戀者來說，自己被愛是唯一重要的事情。他們與他人之間沒有心靈的連結，只有自己的存在，因此也沒有「與他人關係中的自己」。即使在關係中獲得某人的愛，他們也不會特別開心。

對他人漠不關心，代表著跟人沒有親疏之分，重要性也不會因人而異。因此對他們而言，也難以掌握人際關係的距離感。

13 情緒容易跌宕起伏

由於自戀者對大家一視同仁，從某種意義上來說，任何人都能輕易左右他的悲喜。無論被誰漠視，他們都會感到憤怒，因為對他們來說，沒有「不須在意的對象」。

如果你與某人建立起深厚的信賴關係，就算被閒雜人等怠慢也不會放在心上，也不會氣到晚上睡不著覺。而自戀者沒有真心信賴的人，所以不管被誰怠慢都會被刺傷，甚至氣到輾轉難眠。

正因為他們不把他人放在眼裡，所以容易被有心人士操控，情緒也經常被他人左右，造成負面的心理影響。無論是好人還是壞人，對自戀者來說都是一樣的「他人」。

懂得在人際關係中掌握距離感的人，即使發現有人對待自己惡劣，也不會感到特別受傷或生氣，更懶得跟他們一般見識。因為他們眼中能看見其他人，擁有良好的人際距離感，甚至會覺得為這種人生氣很蠢。自戀者目中無人，只懂得自我陶醉，所以情緒會隨他人跌宕起伏。

如果懂得關注他人，就算有人胡亂指責自己，也會覺得「是那個人有問題」，內心既不會有所動搖，也不會惱羞成怒，更不會因為忍氣吞聲，讓自己感到悶悶不樂。

面對一個動不動就口出惡言，擺出侮辱性的態度，極度重視自己名聲到成癮的人，在這種情況下，自戀者會被他的話刺傷，甚至氣憤懊惱到徹夜難眠。但如果能夠仔細觀察對方，就會發現他只是個虛榮心強、冷酷無情、自私自利，以自我為中心的人，沒必要為這種人的侮辱感到生氣，就能置之不理。

然而，只關心自己的自戀者，卻會把自我價值跟冷漠的利己主義者的言行扯在一起，因此覺得對方的粗魯言行剝奪了自我價值。如果別人不重視自己，他們就會感到了無生趣。

末　章

培養
情緒鈍感力

我認為自戀是每個人與生俱來的天性。

由於成長環境不同，有些人能在成長過程中擺脫它，也有人擺脫不了。想要完全擺脫自戀，可能要接近開悟的心理狀態吧，但大多數人都達不到這種境界。

本書旨在探討那些情緒過於敏感、心理有某些障礙的人的精神結構，也就是擺脫不了自戀心態的人——至少在日本職場中這種人相當常見。

良好的雙向溝通，代表彼此都能理解對方話中想傳達的意思。所謂心靈相通，建立親密關係，代表對方能夠指出我們自己無法察覺的問題。

因此，當與人難以溝通的時候，與其立刻認定對方難溝通，不如思考一下自己是否有尚未察覺的自戀心理，以下也提供擺脫自戀、鍛鍊情緒鈍感力的方法。

❶ 自立，是解決問題的第一步

有時，我們會心不甘情不願地想著：「明天必須跟某某見面」、「必須跟他道歉」、「得把報告交出去」，光是想到，就會開始想逃避、心生排斥、覺得不舒服跟焦慮，甚至嚴重一點會覺得好想死。

有時，我們會怨天尤人：「活得好累」、「人生好難」，儘管不曉得該怪誰，卻還是在怨恨著，導致自己被仇恨折磨到筋疲力盡、身心俱疲。

但是，或許我們是因為不值得害怕的東西，讓自己如此內耗。

所以在告訴自己「這並不可怕」的同時，還要告訴自己「沒想像中那麼糟糕」。

我們經歷過的童年陰影，會塑造我們的情感模式，導致我們厭惡沒必要排斥的人事物。總之，我們無意識地學到了某種情緒反應，並往後的人生中一再重現。所以，請各位去找尋情緒的原點，才能讓自己從那股情緒中解放出來。

人在不同情境下，即使受到相同的刺激，產生的情緒也不盡相同，如果無法理解到這點，就會淪為自己想像出來的情緒的犧牲品[2]。

我在第一章提到，被害妄想是沒受到責怪卻覺得自己受到責怪的心理。擁有這種心理的人從小就老是在挨罵，但長大成人後，生活的處境和人際關係也不同於以往了。然而，他們無法覺察到人在不同背景下，會產生不同情緒的道理，所以明明沒有挨罵或是被責怪，他們依然會對號入座，進而將主管的指導視為是職場霸凌。更有甚者，從職場關係乃至夫妻、朋友、戀人的關係，都有會錯意的傾向，淪為自己想像出來的情緒的犧牲品。

恐懼是大腦中最基本的反應機制之一，而壓力會使本應消失的恐懼反應再次活躍起來[93]。

對憂鬱症患者而言，過去的不愉快經歷會讓人產生憂鬱等反應，嚴重時甚至會引發各種身心疾病。即使如今情況早已不同，有些憂鬱症患者依然會做出過去的反應，這就是情感記憶的可怕之處。

從小在高壓環境下長大的人，知道自己的大腦嚴重受創，也會試圖努力修補創傷，矯正情緒觀念。所以他們會不厭其煩地一再反覆告訴自己：「自己目前的反應是錯的。」

從小就活在批評責罵環境中的人，長大後會變得很難信任他人，也不再相信會有人愛自己，更難相信有人會關心自己。因此他們必須夜以繼日，每天告訴自己，別人沒有責怪自己的意思。

可想而知，從小在敵意下長大的人，長大也無法相信人間有溫情，也會堅信所有人都滿懷惡意，所以他們感覺旁人只會批判和攻擊自己，也不足為奇。

由於他們的大腦已經形成了這種神經迴路，想消除舊迴路，並創造新迴路，需要花費大量時間和精力。

然而，除了這麼做以外，別無他法。為了通往幸福的道路，請勇敢地一遍又一遍地進行心理建設，告訴自己：「我並沒有受到批評。」

❷ 認清眼前的恐懼是源於童年陰影

有些人從小就受到父母的掌控和束縛，還被持續灌輸負面訊息：「你是我幸福的絆腳石，如果沒有你就好了。」在這種環境下長大的人，進入職場後，若將父母的角色投射在主管身上，就會發生悲劇。他們的感受與事實也會相去甚遠。

進入社會後，我們每天都會接觸形形色色的人，如果我們始終都在誤解旁人，過著充滿誤會的生活，應該會活得很累。

當你心懷恐懼時，不妨問問自己：「我是否正在重演童年時期的恐懼？」然後請找出隱藏在恐懼背後的是哪段過往經歷。

有些人對路人的隨口批評很敏感，他們有著高度的警戒心，所以動不動就會受傷和陷入沮喪。

當你因為別人沒來由的批評感到受傷或陷入沮喪時，請合理的懷疑並問問自己：「我現在是否正在重演童年時期曾經歷過的批評和恐懼？」

❸覺察自己的「被責妄想」

舉例來說，在小組討論期間針對「大家的缺點」進行檢討時，有些人會覺得自己遭到了大家的批評和指責。這時，你唯一能做的就是拼命告訴自己：「他們現在不是在指責我。」

又或者有人說出：「你當初應該這樣做。」我們就會覺得當時沒做那件事，都是自己不好，大家正在指責自己。這時，請不厭其煩地告訴自己：「他沒有責備我的意思。」

如果從小時候開始，你的家人開口閉口都是責怪的話語，那你也只好花上同等、甚至更多的時間來消除舊迴路。

這不是一件容易的事，無論怎麼告訴自己：「這是因童年的恐懼所導致的錯誤反應。」但無論說多少遍，還是會覺得自己被責備了。當你試圖說服自己沒有被責備時，很可能會覺得很不自在，內心忐忑不安。

我們被責備時，往往會產生不悅、悲傷、受傷和怨恨。但奇怪的是，自戀者感覺被責備時，反而會因此冷靜下來。也許是他們對恐懼的反應，早就習以為常的緣故。

❹ 釐清內在的「非理性信念」

想消除自戀心理，唯有持之以恆的練習，除此之外別無他法。

有些人無法表達自己的意見，縱然下定決心要不顧一切地表達，但終究還是開不了口。然而，在表達失敗的戲碼重複上演的過程中，終有一天，你會成功說出自己想說的話。

但大家別忘了，一次的成功經驗，並不代表你以後都能像這樣暢所欲言。即使說得出一次，卻說不出第二次也實屬正常。

羅馬不是一天造成的。想改變心理慣性需要耗費大量的能量，尤其是那些向來順從慣了的人。期待自己能快速矯正心態，其實是種「非理性信念」（Irrational Belief）。

當你在為負面情緒所苦時，先檢查自己內心是否存在非理性信念，並進行糾正修改。這樣做不會有任何損失，也不會增加你的內心痛苦指數，只要把這個視為我們的初始目標就可以了。

只要反覆練習，就會得到相應的效果，而且還會越來越顯著。所以，釐清自己的內在有哪些「非理性信念」，也是種心靈整理術。

於此同時，我們也必須分辨出自己內心的痛苦，究竟是自己的心病所造成，還是外界因素帶來的影響。

後記

人生就是一場艱難的修行。

雖然本書談論的概念有點模糊，但從「心理有障礙」的字面上來看，就是心理健康出問題、內心生病了。

如果心理健康的定義是「與現實接軌」，那心理不健康就是「與現實脫節」。例如本書中提到的「受害者情結」便是如此。實際上沒人指責自己，但內心生病的人卻自認被大肆指責了。

被貶低妄想症也是如此。實際上沒人貶低自己，但他們卻不認為。他們會把自己套入受害者心態，或是無緣無故深陷悲觀主義之中，無法自拔。

雖然自戀一詞並非新的說法，但實則是一個嚴肅的問題。因為這意味著我們的內心生病了，社會也生病了。

正如我在書中解釋的，受害者情結是自戀型人格受傷後，把內心憤怒偽裝起來的一種手段，也就是內心生病的具體展現。此外，還有些自戀者會壓抑內心的憤怒，呈現出不自然的開朗和空泛的熱情，這也令人感到無比空虛。

最後，繼《自尋煩惱的人》（直譯）後，本書也承蒙了堀井紀公子女士的大力協助，在此表達感謝之意。

二〇二〇年五月

加藤諦三

資料來源

1. 卡倫・荷妮（Karen Horney），《精神官能症與人的成長》（Neurosis and Human Growth，直譯），W.W.NORTON & COMPANY，1950，P.39
2. 艾倫・蘭格（Ellen J. Langer），《用心，讓你看見問題核心》（Mindfulness），木馬文化，2013
3. 同 2
4. 愛德華・霍夫曼（Edward Hoffman），《自我的驅力》（The Drive for Selfh，直譯），Addison-Wesley Publishing Company，1994.6，P.222-223
5. 同 1，P.57
6. 約翰・多拉德（John Dollard），尼爾・米勒（Neal E. Miller），李奧納德・W・杜布（Leonard W. Doob），O・H・莫雷爾（O. H. Mowrer），羅伯特・塞拉（Robert P. Sera），《挫折與攻擊》（Frustration and Aggression，直譯），耶魯大學出版社，1939
7. 同 1，P.193.312.315
8. 同 1，P.315
9. 羅伊・F・鮑邁斯特（Roy F. Baumeister），布拉德・J・布希曼（Brad J. Bushuman），W・基思・坎貝爾（W. Keith Campbell），《自尊、虛榮與攻擊性：暴力源於低自尊或威脅的自負？》（Self-Esteem, Narcissism, and Aggression: Does Violence Result From Low Self-Esteem or From Threatened Egotism，直譯）， Blackwell Publishers Inc.，2000，P.27
10. 同 9，P.223

11. 丹尼爾・高曼（Daniel Goleman），《EQ：決定一生幸福與成就的永恆力量》（Emotional Intelligence），時報出版，2016
12. 《情感革命》（The Emotional Revolution，直譯），諾曼・E・羅森塔爾（Norman E. Rosenthal），CITADEL PRESS，2002.3，P.27-28
13. 《解決社會的糾葛》（Resolving Social Conflicts，直譯），庫爾特・勒溫（Kurt Lewin），Harper and Brothers.，1954，P.139
14. 同 1，P.194
15. 同 1，P.192
16. 丹・凱里（Dan Kiley），《長不大的男人》（The Peter Pan Syndrome），遠流，1994
17. 赫伯特・J・弗羅伊登貝格爾（Herbert J. Freudenberger），《身心耗盡症候群》（Burn Out，直譯），Bantam Books，1980
18. 保羅・瓦茲拉威克（Paul Watzlawick），《真實有多真實？》（How Real is Real?，直譯），Random House，1976
19. 同 11
20. Joseph LeDoux, Emotion, Memory and the Brain, Scientific America, June 1994, p.50-57
21. 高爾頓・奧爾波特（Gordon Allport），《偏見的本質》（The Nature of Prejudice），一起來出版，2023
22. 仙波亨一，藤井浩子，子玉一樹，Japanese Association of industrial counseling，第20集第1號，2019
23. 同 22，P.12
24. 同 2
25. 同 21
26. 同 21

27. 同 21
28. 同 22，P.11
29. 同 21
30. 大衛．西伯里（David Seabury），《與焦慮共處》（How to Worry Successfully，直譯），Blue Ribbon Books: New York，1939
31. H.K.Beecher, Relationship of Significance of Wound to Pain Experienced, The Journal of American Medical Association, 161[1956]1609-1613
32. 丸田俊彥，《疼痛心理學》，Chuokoron，1989，P.61
33. 埃里希．佛洛姆（Erich Fromm），《人心》（The Heart of Man），木馬文化，2024
34. 約翰．鮑比（John Bowlby），《依戀理論三部曲》（Attachment and Loss），小樹文化，2020
35. 弗麗塔．佛洛姆．萊契曼（Frieda Fromm-Reichmann），《密集心理治療原則》（Principles of Intensive Psychotherapy，直譯），芝加哥大學出版社，1950，P.4
36. 同 35，P.64
37. 內沼幸雄，《社交恐懼症的人類學》，KOUBUNDOU Publishers Inc.，1977，P.141
38. 同 1，P.57
39. 曼內斯．斯佩伯（Manes Sperber），《孤獨的面具》（Masks of Loneliness，直譯），Macmillan Publishing Co., Inc. New York，1974，P.180
40. Cramerus, Maryke, Adolescent anger, Bulletin of the Menninger Clinic, Fall90, Vol. 54 Issue 4, p.512. 12p.
41. Narcissism and Aggression, JOSEPH D. NOSHPITZ, M.D.*Washington, D.C., AMERICAN JOURNAL OF PSYCHOTHERAPY,Vol. XXXVIII, No. 1, January 1984, p.17
42. 同上，P.28

43. 同上，P.25
44. 同上，P.33
45. Narcissism and Aggression, JOSEPH D. NOSHPITZ, M.D.*Washington, D.C., AMERICAN JOURNAL OF PSYCHOTHERAPY,Vol. XXXVIII, No. 1, January 1984
46. Sander Thomaes,1 Brad J. Bushman, Bram Orobio de Castro,Geoffrey L. Cohen, and Jaap J.A. Denissen, Reducing Narcissistic Aggression by Buttressing Self-Esteem, Association for Psychological Science, Volume 20-Number 12, 2009, p.1536
47. Narcissism and Aggression, JOSEPH D. NOSHPITZ, M.D.*Washington, D.C., AMERICAN JOURNAL OF PSYCHOTHERAPY,Vol. XXXVIII, No.1, January 1984, p.17
48. Narcissism leads to increased aggression in retaliation for wounded pride.Roy F. Baumeister, Jennifer D. Campbell, Joachim I. Krueger,and Kathleen D. Vohs, DOES HIGH SELF-ESTEEM CAUSE BETTER PERFORMANCE, INTERPERSONAL SUCCESS, HAPPINESS, OR HEALTHIER LIFESTYLES? PSYCHOLOGICAL SCIENCE IN THE PUBLIC INTEREST. Copyright © 2003 American Psychological Society, VOL. 4, NO. 1,MAY 2003, p.1
49. Paul Wink, Institute of Personality Assessment and Research,University of California, Berkeley PERSONALITY PROCESSES AND INDIVIDUAL DIFFERENCES Two Faces of Narcissism. Journal of Personality and Social Psychology, 1991, Vol. 61, No.4,590-597, Copyright © 1991 by the American Psychological Association, Inc. 0022-3514/91/S3.00, p.590
50. 同上，P.596
51. Julian Walkera* and Victoria Knauerb, The role of narcissism Humiliation, self-esteem and violence, The Journal of Forensic Psychiatry & Psychology, Vol.22, No.5, Routledge, October 2011, p.724-741, p.729
52. 同上，P.728

53. 同上，P.729
54. Gordon D. Atlas & Melissa A. Them, Narcissism and Sensitivity to Criticism: A Preliminary Investigation, Published online: 16 February 2008, # Springer Science + Business Media, LLC 2008, p.62
55. Michael P. Maniacci, His Majesty the Baby: Narcissism through the Lens of Individual Psychology, The journal of Individual Psychology, Vol. 63, No. 2, Summer 2007, O2007 by the University of Texas Press, P.O. Box 78 19, Austin, TX 787 13-78 19, Editorial office located in the College of Education al Georgia State University. p.137
56. 尤爾格・維利（J rg Willi），《夫妻關係的精神分析》（Pie Zwierbeziehung，直譯），Rowohlt Verlag ZmbH，1975
57. 雪莉・卡特 - 斯科特（Cherie Carter-Scott），《企業厭惡者》（The Corporate Negaholic，直譯），Villard，1991
58. 同上，P.3
59. 同上，P.91-92
60. What are your expectations for your next 12months;will the next 12 months be better, worse, or the same when it comes to your life in general?, Volume XXIX Issue 2, March/April 2005, 《最新全球民意》（World Opinion Update，直譯）P.35
61. Volume XXVII Issue 6 June 2003,《最新全球民意》（World Opinion Update，直譯）, P.7-71
62. Bulletin of the Menninger Clinic, Fall90, Vol. 54 Issue 4, p,512 12p.
63. 大衛・西伯里（David Seabury），《自私的藝術》（The Art of Selfishness），大牌出版，2021
64. 同上
65. 弗麗塔・佛洛姆・萊契曼（Frieda Fromm-Reichmann），《精神分析與心理治療》

（Psychoanalysis and Psychotherapy），University of Chicago Press，1959
66. 卡倫・荷妮（Karen Horney），《未知的卡倫・荷妮》（The Unknown Karen Horney），由伯納德・J・巴黎（Bernard J. Paris）編輯，耶魯大學出版社，2000，P.316
67. 同上，P.317
68. 同 33
69. 同 33
70. 同 33
71. 同 33
72. 埃里希・佛洛姆（Erich Fromm），《愛的藝術》（The Art of Loving），木馬文化，2021
73. Gordon D. Atlas & Melissa A. Them, Narcissism and Sensitivity to Criticism: A Preliminary Investigation, Published online: 16 February 2008, p.63 # Springer Science + Business Media, LLC 2008.
74. Bryce F. Sullivan, Danica L. Geaslin, The Role of Narcissism, Self-Esteem, and Irrtional Beliefs in Prediditng Aggression, Journal of Social Behavior and Personality, 2001, Vol.16, No. 1, 53-68, P.54-55
75. Ruth A. Hitchcock, Understanding Physical Abuse as a Life-Style Individual Psychology. Vol. 41. No. I, March 1987 , P.50
76. Narcissism and Sensitivity to Criticism: A Preliminary Investigation Gordon D. Atlas & Melissa A. Them Published online: 16 February 2008, p.63 # Springer Science + Business Media, LLC 2008
77. 同 33
78. 同 33
79. Paul Wink, Institute of Personality Assessment and Research,University of California, Berkeley PERSONALITY PROCESSES AND INDIVIDUAL DIFFERENCES Two Faces of

80. Narcissism,Journal of Personality and Social Psychology,1991, Vol.61, No.4,590-597 Copyright © 1991 by the American Psychological Association, Inc. 0022-3514/91/S3.00 Narcissism and Sensitivity to Criticism: A Preliminary Investigation Gordon D. Atlas & Melissa A. Them Published online: 16 February 2008, p.63 # Springer Science + Business Media, LLC 2008, P.16
81. 同上，P.63
82. 同上，P.16
83. 同33
84. 同33
85. Roy F. Baumeister, Jennifer D. Campbell, Joachim I. Krueger, and Kathleen D. Vohs, DOES HIGH SELF-ESTEEM CAUSE BETTER PERFORMANCE, INTERPERSONAL SUCCESS,HAPPINESS, OR HEALTHIER LIFESTYLES?, PSYCHOLOGICAL SCIENCE IN THE PUBLIC INTEREST, Copyright © 2003 American Psychological Society, VOL. 4, NO. 1, MAY 2003, P.19
86. 同21
87. 同33
88. 同33
89. 阿德勒（Alfred Adler），《自卑情結》（Social Interest: A Challenge To Mankind），人本自然，2014
90. 同33
91. 同33
92. 同33
93. 同11

HEART
心|視野 心視野系列 143

我決定不在意

培養不被負面情緒影響的鈍感力

メンヘラの精神構造

作　　　　者　加藤諦三
譯　　　　者　姜柏如
封 面 設 計　Dinner illustration
內 頁 插 畫　池婉珊
內 文 排 版　顏麟驊
責 任 編 輯　洪尚鈴
行 銷 企 劃　蔡雨庭、黃安汝
出版一部總編輯　紀欣怡

出　版　者　采實文化事業股份有限公司
業 務 發 行　張世明・林踏欣・林坤蓉・王貞玉
國 際 版 權　劉靜茹
印 務 採 購　曾玉霞
會 計 行 政　李韶婉・許俽瑀・張婕莛
法 律 顧 問　第一國際法律事務所　余淑杏律師
電 子 信 箱　acme@acmebook.com.tw
采 實 官 網　www.acmebook.com.tw
采 實 臉 書　www.facebook.com/acmebook01

I S B N　978-626-349-830-3
定　　　價　380 元
初 版 一 刷　2024 年 11 月
劃 撥 帳 號　50148859
劃 撥 戶 名　采實文化事業股份有限公司
104 臺北市中山區南京東路二段 95 號 9 樓
電話：（02）2511-9798　傳真：（02）2571-3298

國家圖書館出版品預行編目資料

我決定不在意：培養不被負面情緒影響的鈍感力／加藤諦三著；姜柏如譯. -- 初版. -- 臺北市：采實文化事業股份有限公司，2024.09
256 面；14.8×21 公分. --（心視野系列；143）
譯自：メンヘラの精神構造
ISBN 978-626-349-830-3（平裝）
1. CST：情緒管理
176.52　　113014598

First original Japanese edition published by PHP Institute, Inc., Japan.
Traditional Chinese translation rights arranged with PHP Institute, Inc. through Keio Cultural Enterprise Co., Ltd.

采實出版集團
ACME PUBLISHING GROUP